브레인
스포츠

우리 아이 미래경쟁력

브레인
스포츠

임현주 지음

다차원
북스

차례

Why 레고, Why 체스

이제는 인공지능이 면접을 보는 시대다.

2018년 하반기 골드만삭스, 유니레버 등 해외 유명기업이 신입사원을 채용하면서 1차 면접을 인공지능에게 맡겼다는 뉴스는 급변하는 시대상황을 절감하게 한다. 질문을 하는 것도 인공지능, 점수를 매기는 것도 인공지능이다. 수험생들은 자신의 휴대폰이나 컴퓨터에 얼굴을 대고 면접시험을 보게 된다. 자신이 대답하는 모습을 직접 봐 가면서 프로그램의 음성 질문에 답하는 형식이다.

인공지능이 수험생의 표정과 억양, 눈동자의 움직임 등 25만 개의 패턴을 분석한 결과를 가지고 면접 통과 여부를 결정한다는 건 상상만으로도 웃픈 장면이 아닐 수 없다. 심지어 인공지능의 비위(?)에 맞는 면접 태도를 가르치는 학원까지 생겼으며, 영국에선 우리 돈으로 1,300만 원짜리 속성 과외가 성업 중이라고 한다.

불현듯 어쩌면 우리에게 이런 상황이 현실이 될지도 모른다는 생각이 든다.

취업비리니 입시부정이니 하는 뉴스가 쏟아져 나올 때마다 일부에선 '차라리 알파고가 면접을 봤으면 불이익을 당하지 않았을 것'이라는 자조적인 탄식이 흘러나오기도 한다. 그만큼 우리 사회는 공정성에 목말라 있다는 얘기다.

살다 보니 별일이 다 있다고 황당해 할 일만도 아니다. 대세가 그런 걸 어쩌겠는가. 자식 키우는 부모들은 불안감이 커질 수밖에 없다. 사람보다 기계가 대접받는 현실에서 아이들에게 무얼 가르쳐야 할 것인가, 미래에 과연 인간이 설 자리는 있을까.

불안감을 부추기는 또 하나의 화두는 '4차 산업혁명'이라는 생경한 용어의 등장이다. 최초로 이 개념을 주창한 클라우스 슈밥은 자신의 저서를 통해 다음과 같이 말했다.

─우리는 지금까지 살아왔고 일해 왔던 삶의 방식을 근본적으

로 바꿀 기술 혁명의 직전에 와 있다. 이러한 변화의 규모와 범위, 복잡성 등은 이전에 인류가 경험했던 것과는 전혀 다를 것이다.

막연하고 추상적인 말 같지만 결론은 단순하다.

기존의 교육방식을 넘어선 그 어떤 가치를 이해하고 습득하는 자만이 미래를 준비할 수 있다는 것.

4차 산업혁명에서 '산업'이라는 딱딱한 용어가 주는 압박감을 떨쳐냈을 때 혁명의 주체가 되는 개념은 무엇일까.

암기하고, 계산하고, 주어진 정보를 분석하는 능력 면에선 인간보다 AI가 더 우월한 능력을 지녔을지 모른다. 하지만 그것만으로 혁명이라는 거창한 명제를 갖다 붙이기엔 부족한 면이 있다. 나는 여기서 '감성'과 '문화'라는 코드를 발견했다.

인간은 어떨 때 행복을 느끼는지, 그 행복이 우리를 또 어떤 삶의 가치로 인도하는지 기계는 알지 못한다. 당장 사람이 필요로 하는 것을 기계가 제공할 순 있어도 미래의 가치까지 창조해내진 못한다는 것이다.

글로벌 세상에서 필요로 하는 지식이란 사람 중심의 지식이다. 그렇다면 우리 아이들이 인공지능과의 경쟁에서 살아남는 길은 한 가지다. 나는 그 해답을 '놀이'에서 찾았다.

아이들에게 인문학적 감수성을 키워주고 새로운 지식에 대한 호기심을 갖게 하는 도구로써의 놀이!

내가 택한 놀이는 레고와 체스였다. 처음 이 일을 시작했을 때만 해도 레고나 체스를 교육의 수단으로 생각하는 부모들은 많지 않았다. 그저 아이가 좋아하니까, 학원 가기 전에 잠시 들러 스트레스나 풀라고 선심 쓰듯 센터에 들여보내는 경우가 대부분이었다.

선입견은 깨지기 마련이다. 그저 시간이나 때우고 노는 줄 알았던 아이들이 세계대회에서 수상한 경력으로 남들 다 어렵다고 하는 국제학교에 입학하는가 하면, 놀이의 연장선상에서 대학입시까지 해내는 것을 보곤 학부형들의 반응이 달라지기 시작했다.

"애들이 그냥 노는 게 아니었네요!"

아이들은 놀이에 몰입할 때 가장 긍정적이고 낙천적인 모습을 나타낸다. 최고로 자기다움을 발현하는 것도 이 순간이다.

똑같은 레고 블록을 가지고 어떤 아이는 전화기를 만들고 어떤 아이는 망원경을 만든다. 아니, 만들었다고 주장한다.

어른들 보기엔 그것이 전화기나 망원경처럼 생기지 않았더라도 상관없다. 아이들이 이런 과정을 통해 뭔가를 만들어낸다는 창작의 기쁨을 알게 됐으면 그것으로 족하다. 다음엔 어떻게든 더 전화기 같고 망원경 같은 걸 만들어내려고 노력할 테니까!

레고의 강점은 혼자서도 가능하지만 누군가와 '함께' 즐길 수 있는 놀이라는 것이다. 타인과의 협력을 통해 자신의 한계를 극복하고, 나와 다른 생각과 충돌하고, 또 그것을 받아들이는 과정을 거치면서 아이들은 놀라운 내적 변혁을 경험한다.

결국은 이런 아이들이 미래가 원하는 글로벌 지식 리더, 4차 산업혁명의 주역이 될 것이다. 이미 구글과 삼성, LG, 현대 등 세계 초일류 기업들은 레고의 놀이특성을 활용한 의사결정법을 비즈니스 테이블에 올려놓았다는 사실이 그것을 증명하고 있다.

다양한 의견 수렴을 통해 보다 완벽하고도 유용한 가치를 창출해내는 레고와 달리 체스는 철저하게 자신과의 대화를 전제로 하는 게임이다.

어떤 수를 두거나 결정을 내리기 전에 매번 '왜?'냐고 하는 질문에 스스로 답할 수 있어야 한다. 지금 내가 두고 있는 한 수가 앞으로의 게임에 어떤 영향을 미칠지, 그것은 내가 이루고자 하는 목표에 어떤 도움이 될지를 생각하면서 게임에 몰입하다 보면 무의식중에 선택과 집중의 묘를 발휘하게 된다.

체스는 지면 지는 대로, 이기면 이기는 대로 배울 점이 많은 게임이다. 게임에 지는 걸 좋아할 사람은 없다. 지나간 게임을 복기하며 스스로 이기는 방법을 찾아가도록 주도적인 사고방식을 키워주는 게 체스의 장점이고 매력이다.

인간이 기계와 다른 점은 스스로 질문을 한다는 것이다. 두뇌를 발전시키는 건 질문의 힘이다. 아이들이 놀이에 빠져드는 순간 질문은 시작된다.

'어떻게 하면 레고 로봇을 잘 움직이게 할 수 있을까?'

'어떻게 하면 체스를 잘할 수 있을까?'

좋아하는 걸 더 잘하고 싶고 더 재미있게 즐기고 싶은 마음에 자꾸 질문하고 방법을 찾는 도중에 수학적 개념, 물리적 질량감, 다양하게 공간을 바라보는 관점 등을 자연스럽게 터득하게 된다.

아이들에게 놀이만큼 훌륭한 영감을 주는 도구는 없다. 또한 그 도구가 반드시 레고와 체스가 아니어도 좋다. 그것이 태권도가 되었든 미술이 되었든 춤이나 다른 게임이 되었든 상관없다. 무엇이든 아이들이 좋아하는 것이면 무방하다고 생각한다. 레고와 체스는 단지 내가 아이들과 소통하기 위해 선택한 도구일 뿐이다.

올해로 15주년을 맞는 플레이웰 라운지Play_well Lounge는 '아이들과 함께 놀며 온 세상과 교류하는 공간'이라는 뜻을 담았다. 이곳에서 아이들은 레고와 체스를 가지고 논다.

일명 한국의 잘 노는 아이들!

K.F.C. Korea Fun Club 팀이 그들이다.

놀이를 통해 꿈을 꾸고 성장하는 아이들의 모습을 지켜보는 게 내게는 더없는 행복이다. K.F.C. 팀은 글로벌 무대에서 꽤 이름이 알려졌다. 레고의 본산인 덴마크에선 총리가 방문을 청할 정도로 레고의 교육적 효과에 지대한 관심을 나타냈고, 명실공히 '살아 있는 체스의 전설'로 일컬어지는 게리 카스파로프 재단은 2018 플레이웰 서울오픈래피드체스대회 후원을 자청했으며 대표가 직접 비행기를 타고 날아와 대회를 참관하기도 했다.

"얘들아, 너희들은 여기 왜 왔지?"

라운지에서나 캠프에서 처음 만난 아이들에게 내가 꼭 묻는 말이다.

"레고 배우러요!"

"체스 배우러요!"

"아니! 너희는 여기 놀러 왔어. 레고 하고 놀러! 체스 하고 놀러!"

이럴 때 아이들은 십중팔구 반신반의하는 얼굴로 묻는다.

"정말 놀기만 해도 돼요?"

"그럼! 여기선 펑펑 노는 게 남는 거야. 이제부터 너희가 재미있게 놀 수 있게 도와줄게."

그렇게 15년을 살다보니 별명도 '놀선생'이다. 나는 이 별명이 너무 좋다. 놀이를 통해 아이들 각자의 천재성과 자기다움을 드러낼 수 있게 하고, 궁극적으로 그 자기다움에 +알파, +알파를 하나씩 더해가며 미래를 준비하도록 돕는 것이 나의 일이다.

나아가 잘 노는 아이들이 글로벌 지식 리더로 성장하도록 돕는 것.

놀선생 임현주가 평생 지켜갈 현장이다.

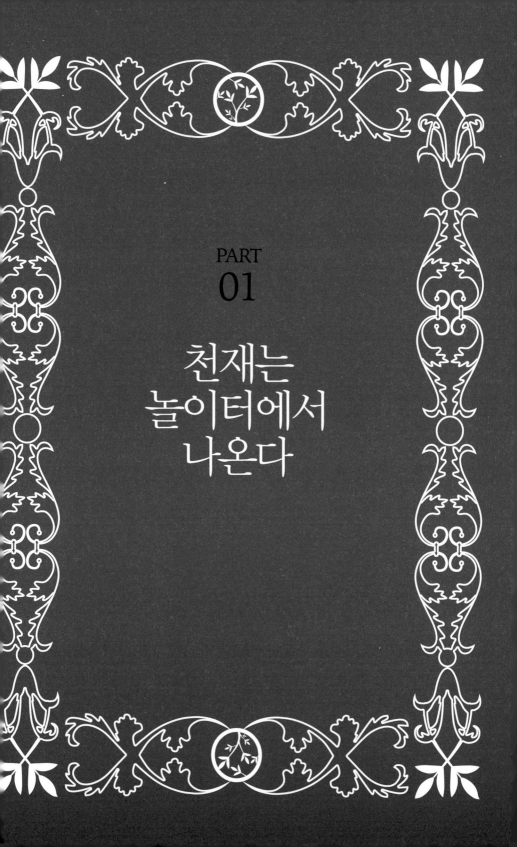

PART
01

천재는
놀이터에서
나온다

그냥 놀기와 제대로 놀기의
놀라운 차이

아이들끼리 어울려 놀 때 엄마들이 제일 싫어하는 장면이 있다.
또래들 가운데 내 아이가 '묻혀 있는 것처럼' 생각될 때.

자식이 잘나가길 바라는 건 부모로서 당연한 바람이다. 기왕
이면 들러리보다 주인공이 보기에도 낫다고 생각한다. 아니면
최소한 주도적인 위치에서 상황을 이끌어가길 원하는 부모 입
장에선 그러지 못하는 내 자식보다 더 잘하는 남의 자식 꼴 보
기가 거북하게 느껴질 수도 있다.

"쟤는 왜 저렇게 나대?"

"좋은 건 저 혼자만 하려고 하니까 우리 애가 기를 못 펴지."

걱정이 지나치면 노파심이 된다. 실상 무리 가운데 묻혀 있는
것처럼 보이는 아이는 그 놀이에 없어선 안 될 팀원인 것을.

아이들은 그렇게 섞여 있으면서 제대로 놀이를 즐기는 법을

배운다. 움직임이 많든 적든, 역할이 크건 작건 그런 건 중요하지 않다. 여럿이 어울려 놀면서 다양한 소통의 방식을 익히고 문제해결 능력을 키울 수 있게 된다.

오히려 엄마들이 주의를 기울여야 될 장면은 따로 있다.

가령 놀이방법이 마음에 들지 않는다고 무작정 무리들 사이에서 뛰쳐나가는 아이를 어떻게 생각해야 될까?

"우리 애는 너무 주관이 뚜렷해서 저런답니다."

이런 식으로 아이를 감싸려 든다면 나무만 보고 숲을 보지 못하는 격이다. 놀이의 본질은 '함께'한다는 것이다. 놀면서 즐거움을 함께하지 못한다면 아무리 뛰어난 두뇌를 가진 아이도 국외자가 될 수밖에 없다.

플레이웰 캠프에 처음 오는 아이들이 제일 먼저 배우는 건 K.F.C. 팀의 코어 밸류, 핵심 가치다. 초등학교 1,2학년 대상 캠프를 마친 어느 날, 한 학부형이 아이의 일기를 사진으로 보내왔다.

'오늘은 레고 캠프에 갔다.

코어 밸류를 배웠다.

핵심은 '같이'다.'

그 아이는 '코어 밸류'의 Value 가치를 Together 같이로 알아들었던 모양이다. 부모님은 아직 영어를 모르는 아이가 나름대로 말귀를 알아들으려고 애쓴 흔적이 느껴져 많이 웃었다고 한다.

이쁜 녀석!

그날 캠프에 왔던 아이들 중에 내 말을 이렇게 잘 이해한 아이가 있을까. 내 마음이 어찌나 뿌듯했는지 모른다.

'같이'의 중요성을 깨우쳤으면 '가치'는 저절로 따라오게 되어 있다. 먼 훗날 이 아이가 대학생이 되고, 나아가 직장생활을 하게 되면 무언가를 누군가와 같이, 여럿이 함께한다는 것의 가치를 알게 되리라.

또한 자신이 막연하게나마 이해할 수 있었던 플레이웰의 핵심 가치가 더불어 살아가는 삶의 진리임을 깨우치리라. 그리고 가끔은 어린 날 레고 캠프의 추억을 되새기며 웃음 짓기도 하리라.

'같이'와 '가치'의 비밀을 아는 것이 결과적으로 어떤 배움을 얻게 하는지 '그냥 놀기'만 해선 결코 알 수 없다. '놀아도 제대로 놀아본 아이들'만이 성인이 되어서도 그 배움의 가치를 삶의 지혜로 활용할 수 있게 된다.

"지금 이 순간, 팀을 위해서 나는 무엇을 제일 잘할 수 있을까? 팀을 위해 작은 것이라도 도우려고 노력하는 게 진짜 팀워크고, 우리 팀의 코어 밸류라는 걸 기억하렴."

이제껏 내가 아이들에게 수도 없이 했던 말이다. 아이들은 찰떡같이 알아듣는 메시지가 죽도 밥도 아니게 되는 건 엄마의 '들러리 콤플렉스'가 발동할 때다.

사내아이들은 게임에 몰두한 나머지 종종 물건을 잃어버리기도 한다. 한번은 로보컵 국내대회에 참가한 중학생 중 하나가 노트북 충전하고 팀 부스에 콘센트를 꽂아두고 나왔다.

본인은 그 사실을 까맣게 모르고, 다른 아이들은 자기 것 챙기기도 바쁘기에 긴가민가하면서도 무심히 지나치는 분위기.

'내 것도 아닌데, 뭘!'

굳이 남의 일에 신경 쓰고 싶지 않은 아이들 눈에 흔한 콘센트 하나쯤 별것 아닌 물건일 수도 있다. 그런데 팀의 막내는 뭐가 이상했던지 자꾸만 고개를 갸우뚱거리다 다시 그 자리로 뛰어갔다.

"형아, 이거 우리 거 맞지?"

2018년 미국 캘리포니아 레고랜드에서 열린 Jr.FLL 세계대회에 참석한 K.F.C. 주니어 팀

다들 짐을 꾸리고 있을 때 숨이 턱에 닿아서 헐레벌떡 돌아온 막내는 상급생의 노트북 콘센트를 들고 있었다. 이럴 때 레고 초년생 엄마들이 보이는 반응은 대개 둘 중 하나다.

"착해빠져서……! 지 것을 그렇게 좀 챙기지."

조용히 혀를 차거나 차라리 못 본 척 외면하거나.

아이가 실력을 키울 생각은 안 하고 형들 뒤만 졸졸 따라다니는 것처럼 보여 마땅치가 않은 거다.

대회를 앞두고 하는 말들도 대동소이하다.

"우리 애가 요즘 너무 바쁜데 레고를 좀 더 효율적으로 배울 순 없을까요?"

"학원은 빠지면 안 되거든요."

요컨대 엑기스만 뽑아서 나가거나, 메달을 따게 해주거나.

시행착오를 겪고 싶지 않으니 뭔가 보장을 해달라는 무언의 요구다. 부모 눈엔 어영부영하는 것처럼 보이는 그 시간이 아이한텐 가장 효율적인 투자가 된다. 자기보다 잘하는 형들을 본받으려 하고 하나라도 더 배우고자 애쓰는, 이른바 '들러리 시절'을 충분히 거쳐야만 그 아이의 진짜가 나온다.

엄마들이 그토록 선망하는 챔피언 메달은 하루아침에 주어지지 않는다.

우연히 어느 학부형의 카톡 프로필 메시지를 보고 무릎을 탁

친 적이 있다.

'많이 실패해보고, 힘든 시절을 겪어본 아이들에겐 그 힘든 것의 깊이가 곧 넓이가 된다.'

어쩌면 나랑 이렇게 생각이 같은지!

오랜만에 공동의 신념 내지는 같은 철학을 가진 동지를 만난 기분이랄까.

나는 깊이와 넓이를 다 가진 콘텐츠로는 레고만한 놀이가 없다고 생각한다. 부모가 그것을 믿어줄 때만이 아이에겐 더 깊고 더 넓은 사고의 지평이 열린다.

4차 산업혁명시대의
글로벌 코드

    2018년 3월 말레이시아 교육부 초청 로봇 줄다리기 대회장에
선 뜻밖에도 반가운 얼굴을 만났다. 1년 전 홍콩 놀이치료학회
에서 만난 아지타 부영 교수가 그곳에 나타난 것이다. 홍콩학회
에서 첫인사를 나눈 뒤 두 번째 만남이었다.

    처음엔 자녀 중 누군가 대회에 참가한 줄 알았다. 로봇 줄다리
기 대회는 초, 중, 고생들만 참여하는 대회였다.

    "현주! 우리 다 같이 응원 왔어요."

    그녀는 좌우로 늘어선 대학생들에게 나를 소개했다. 재직 중
인 대학이 경기장에서 멀지 않은 곳에 있다고 했다.

    "그런데 아지타, 연락도 안 했는데 어떻게 알고 왔어요?"

    그녀가 어깨를 으쓱하면서 말했다.

    "나, 현주 친구잖아요."

"아!"

그녀는 나의 페북 친구이기도 하다. 내가 게시판에 올린 글을 통해 말레이시아 로봇 줄다리기 대회에 참가한다는 사실을 알고 대회 일정과 장소를 검색해봤다는 것. 말레이시아 전통의상까지 선물 받았다.

"고마워요, 아지타! 한국에 올 기회가 있으면 꼭 연락해요."

"오케이! 나 한국 좋아해요."

아지타는 평소 한국문화에 관심이 많았다며 흔쾌히 나의 초대에 응했다.

그리고 몇 달 뒤, 늦은 가을 어느 날 아지타 부부가 여자 조카 둘과 함께 압구정연구소를 찾았다. 이화여대에서 공부한 적이 있다는 조카 중 한 명은 스스로 자신을 '우리 가족 한국여행 전문 가이드'라고 소개했다.

이들 가족은 무슬림이다. 세계대회 경험이 많은 아이들은 히잡을 두르고 나타난 아지타와 그녀의 조카들을 자연스럽게 받아들였다.

아이들은 아지타 가족의 이름을 한글로 써 붙인 웰컴 보드를 들고 환영 노래를 불러주었다. 한글 이름 써주기는 외국인들이 가장 좋아하는 퍼포먼스. 나는 추위에 익숙하지 않은 그들을 위해 K.F.C. 동계 유니폼 점퍼를 선물했다.

아지타는 우리 연구소 운영방식과 놀이치료 프로그램에 강한 흥미를 나타냈다. 마침 그날은 레고와 체스를 활용한 교육 연구소 프로그램이 진행되는 날.

동남아 외 아세안 국가에서 한국은 놀이교육 분야의 선진국에 해당된다. 수업을 참관한 뒤 아지타는 말레이시아 놀이치료와 우리 연구소 프로그램을 연계한 사업상의 교류와 각 사례 컨퍼런스를 제안하기도 했다.

우리는 배달 치킨으로 조촐한 파티를 열었다. 무슬림은 이슬람식 도축법을 사용한 '할랄푸드' 외엔 절대 입에 대지 않는다. 다행히 할랄 인증을 받은 치킨 프랜차이즈가 근처에 있었다. 평소 이곳 치킨을 종종 배달시켜 먹었지만 전혀 몰랐던 사실이다. 친구들 덕분에 할랄푸드에 대한 새로운 지식을 얻었다.

한국에 오면 꼭 가고 싶었다던 가로수길과 한강 고수부지를 순례하며 '한국은 매우 추워! 그리고 한국은 아주 좋아!'라고 외치던 그녀가 지금 이 순간도 나를 미소 짓게 한다.

해마다 다양한 국적의 친구들이 우리 가족을 찾는다. 그들 대부분이 레고와 체스 세계대회에서 알게 된 친구들이다. 처음 한국을 방문한 이들이 좋은 추억을 간직하고 돌아갈 수 있도록 돕는 것도 우리 가족의 기쁨이다.

한국의 역사에 관심이 많은 미국 친구들과 함께한 경주여행은 아이들에게도 우리 문화에 대한 자부심을 일깨워주는 좋은 기회가 되었다.

아시아스쿨챔피언십 체스대회에서 처음 만난 대만의 교사 부부는 신혼여행으로 다시 한국을 찾았다. 우리는 함께 경복궁과 새빛둥둥섬 등 서울의 여러 곳을 여행하며 우정을 쌓았다. 대만에선 여간해서 눈 내리는 풍경을 볼 수가 없다고 한다.

다음에는 그 사랑스러운 부부에게 한국의 겨울 스키를 소개할 수 있으리라.

때때로 외국에 나가면 그들이 우리 가족을 초대하기도 한다. 레고와 체스는 유럽, 미국의 대도시에서 남아프리카공화국까지 널리 퍼져 있다. 전 세계 어딜 가나 우릴 반겨주는 친구들이 있다는 건 행운이 아닐 수 없다.

놀이가 있기에 우리와 그들, 세상은 하나가 된다.

제대로 놀고
백만장자

아이들은 놀이를 통해 스스로 많은 것을 배운다.

인간과 사물에 대한 관심, 배려, 협동, 선택과 집중, 창조와 모방, 질문과 성찰…….

이 모든 게 놀이의 마법 안에서 이루어진다.

텔레비전에서 〈놀다보니 백만장자〉라는 프로그램을 방영한 적이 있다. 이사벨라 바렛이라는 여섯 살짜리 멋 부리고 놀기 좋아하는 미국 소녀가 백만장자가 된 이야기다.

항상 예쁘게 꾸미고 사람들 앞에 나서는 걸 좋아하던 이사벨라는 미국의 한 리얼리티 쇼 프로그램에 출연하면서 일약 유명 인사로 떠올랐다. 이후 그녀의 일거수일투족이 대중의 주목을 끌었다. 의류, 주얼리, 화장품 등을 판매하는 패션 브랜드를 론칭하면서 직접 의류와 액세서리를 디자인한 그녀는 모델과 가수로도 활약하고 있다.

현재 열한 살의 나이로 자신의 건물을 소유하고 3개 회사의 대표가 된 이사벨라를 세계적인 부호로 만들어준 건 다름 아닌 그녀의 '놀이'였다.

놀다가 백만장자가 된 케이스는 비단 이사벨라뿐만이 아니다. 올해 일곱 살의 미국 소년 라이언은 요즘 가장 핫한 키즈 크리에이터로 어린아이들이 열광하는 스타 중의 스타라고 할 수 있다. 라이언은 유튜브에서 장난감을 가지고 노는 것을 보여주는 것만으로 한 해 약 120억 원에 이르는 수입을 올린다.

최근 영국장난감협회는 레고를 '20세기가 만든 최고의 장난감'으로 꼽았고, 미국 콜로라도대 등 9개 대학은 올해부터 소수 민족 출신 학생을 선발할 때 필기시험 대신 레고 블록으로 로봇을 조립하는 능력을 테스트하겠다고 밝혔다.

교육 전문가들은 레고가 21세기의 화두로 등장하고 있다고 입을 모은다. 문명과 인간을 통찰력 있게 바라보는 레고의 놀이적 특성이 브레인스포츠로서의 요건에 충족된다고 보았기 때문이다.

좋아하는 일을 잘하고 싶은 건 아이들의 본능이다. 그럴 때 두뇌는 엄청난 자극을 받는다. '이게 왜 안 될까'에서 '어떻게 하면 더 잘할 수 있을까'로 질문이 바뀌는 순간, 호기심 덩어리 아이는 자신도 모르게 위대한 탐구자가 된다. 그것이 놀이의 마법이다.

엄마들의 흔한 시행착오 중 하나가 때가 무르익도록 아이들을 기다려주지 못한다는 것이다.

-성적은 언제 오를까.

-상은 언제 타올까.

머릿속에 이런 생각만 가득 차 있는 엄마들은 하나만 알고 둘은 모른다. 레고가 뇌 발달에 좋다기에 데려왔는데 왜 빨리 똑똑해지지 않는지 조급해한다. 겨우 레고 몇 개월 시켜 놓고 영재가 되는 줄 아는 경우도 있다.

아이들이 국제대회에서 원하는 성과를 얻으려면 최소한 3년 이상은 팀 활동을 해볼 필요가 있다. 본인 실력도 중요하지만 팀워크가 생명인 대회에 나가 손발을 맞추려면 그 정도 시간 투자는 기본이다. 대충 머릿수만 채워서 간다고 잘할 수 있는 건 아니라는 얘기다.

팀을 만들기는 어려워도 깨지는 건 순식간이다. 팀원들끼리 의견이 일치하지 않을 경우는 별문제가 안 된다. 처음엔 고집대로 하려고 우기던 아이들도 결국엔 가장 좋은 방법을 따라가기 마련이다. 팀을 깨는 데 결정적인 건 엄마들의 몰이해다.

가령 한창 놀이에 재미를 붙인 아이를 보고도 은연중에 불만을 쏟아내는 엄마들이 있다.

"애가 로봇은 안 만들고 센터에서 글만 쓰다 오는 것 같아요."

"쓸데없이 인터넷 검색이나 하라고 돈 들여서 레고 가르치는 건 아닌데."

"유튜브 보면 레고를 더 잘하게 되나요?"

이건 막 걸음마를 시작한 아이에게 뛰어다니라고 요구하는 격이다. 레고 로봇을 배우는 아이가 글을 쓰는 건 자기성찰의 단계에 와 있음을 뜻한다. 자신이 만들고자 하는 로봇의 밑그림을 그리는 과정이라고도 할 수 있다. 노트를 하는 건 혹시 무슨 오류가 있는지 체크하고 다른 해결책을 모색하기 위해서다.

글쓰기가 중요한 또 하나의 이유는 자신의 사회적 역할을 깨우치게 한다는 점이다. 아이들은 공동의 작업으로 이루어지는 미션을 수행하면서 자신의 재능이 어디에 있는지 발견하고 전체를 위해 보다 효율적인 방안을 모색한다.

유튜브 영상에 몰입하는 것도 자기주도 학습이 이루어지고 있다는 증거다.

유튜브에서 LEGO EV3를 검색해보시라! 얼마나 어마어마한 영상으로 본인의 레고 작품과 로봇 미션의 문제해결법을 자랑하고 있는지. 축구로봇을 만들기 위해서 알아야 할 레고적 기술을 우리 아이들은 그렇게 전 세계 아이들과 소통하면서 배워 가고 만들어 가고 있는 것이다.

그렇게 하나하나 뭔가를 알아가면서 자신의 힘으로 문제를 해결하는 과정이 곧 배움이고 성장이다. 먼저 자기 것을 충분히 만들어 본 아이와 그렇지 못한 아이의 차이는 시간이 갈수록 확연히 드러난다.

지금 아이 앞에 수십 개의 레고 조각이 놓여 있다. 이것들이 어떤 모양으로 재탄생할지는 그 아이 자신도 모른다. 목표는 도

세계로 쭉쭉 뻗어나가는 한국의 잘 노는 아이들

중에 얼마든지 바뀔 수 있다.

일단 쌓아가는 것이 레고의 메커니즘이다. 첫 블록을 어디에 어떻게 쌓느냐에 따라 다음 블록의 위치도 달라진다. 순간순간 번뜩이는 아이디어와 필요에 따라 그 작은 조각들이 마치 살아 있는 생물처럼 진화한다. 창의적 발상은 이렇게 시작된다.

놀이를 학습 도중 막간의 휴식이거나 무의미한 킬링 타임쯤으로 인식하는 부모들에겐 아이들의 이런 변화가 눈에 들어오지 않는다.

미국 듀크대학교의 캐시 데이비슨 박사는 2020년 경 미국의 대학 졸업생 중 65%는 그들이 초등학교 재학시절에 있었던 직업이 사라졌음을 알게 될 것이라고 예언했다. 그리고 마침내 그 시점이 코앞에 다가왔다.

이미 컴퓨터와 기계가 일상적인 업무를 대신하고 있는 현실에서 부모의 고민도 깊어질 수밖에 없다.

'어떻게 하면 내 아이를 빨리 똑똑하게 만들 수 있을까?'

조급증은 아이로부터 장난감을 빼앗아버리고 싶은 충동을 부르기도 한다. 대놓고 아이를 다그치지 않는 경우도 마찬가지다.

특히 어린아이들은 양육자의 평가에 민감하다. 보호받아야 할 상대에게 '좋은 아이' '착한 아이'로 인정받고 싶은 욕구는 생존 본능에 가깝다.

아이의 놀이를 간섭하지 않는 건 최선도 차선도 될 수 없다. 영유아기 아이들에게 양육자의 무관심은 비난의 언어로 해석될 여지가 다분하다.

아이 입장에서 이보다 위험한 시그널은 없다. 양육자에 대한 불안감은 자책을 부른다. 이 놀이는 잘못된 선택이며, 따라서 자신은 '나쁜 아이'라는 수렁에 빠져 자신감도 의욕도 모두 잃는다. 그리고 자신의 행위에 대해 나름대로 정의하고 판단을 내린다.

'이건 엄마가 좋아하는 일이 아니야!'

미래의 백만장자가 될지도 모를 아이가 스스로 그 의지를 꺾어버리는 순간이다. 빈대 잡겠다고 초가삼간 태울 순 없지 않은가.

초등학생이나 중학생 자녀를 둔 부모는 조급증에 속이 타들어가도 아이 눈치가 보여 잔소리를 못한다고 한다. 이 또한 결과적으로 자녀를 방치하는 것이다.

'핸드폰만 들여다보고 있으면 공부는 언제 할 건지…….'

'컴퓨터 앞에서 쓸데없는 것만 보고 있는 건 아닐까?'

걱정되면 정면 돌파가 답이다.

어떻게?

현재 전 세계 150개국 이상에서 사용되는 코딩 교육 프로그램 스크래치Scratch 개발자인 MIT 미디어랩 레고-페퍼트의 석좌교수 미첼 레스닉은 이에 대해 명쾌한 해법을 제시한다.

ㅡ장난감이 자녀를 위해 무엇을 할 수 있는지가 아니라, 자녀가 장난감으로 무엇을 할 수 있는지를 물어라.

믿는 만큼
크는 아이들

어느 날 우연히 외국인의 한국 문화체험을 다룬 텔레비전 프로그램을 보게 되었다. 서울 지리에 익숙지 않은 사람들끼리 남산 투어에 나서면서 생긴 에피소드를 다룬 프로그램이었다.

'남산 오르미?'

어쩐지 낯익은 이름이 눈에 들어온 순간, 8년 전 처음으로 로봇 창작에 도전했던 K.F.C. forever 팀이 떠올랐다.

초등학교 4학년 종원이와 5학년 은솔, 재혁이.

2010년 필리핀 마닐라 WRO World Robot Olympiad 에 한 팀으로 출전한 이 아이들은 창작 부문 'Bronze Award' 수상의 영예를 안았다.

종원이와 재혁이는 레고 로봇에 입문한 지 얼마 안 되던 때.

로봇 프로그래밍 중급반 정도의 실력을 갖춘 은솔이는 3,4학년 때 세계대회를 준비한 적이 있었다. 하지만 아쉽게도 국내 예선의 문턱에 걸려 좌절한 나머지 '난 해도 안 되더라'고 하는 부정적인 생각에 짓눌려 있었다.

지금의 나는 레고로봇 3년차에게 세계대회는 아직 이르다는 것, 게임은 이제 시작일 뿐이고 너희는 앞으로 계속 성장할 것이라고 차근차근 알려줄 수 있는 베테랑 코치가 되었지만, 당시는 은솔이의 도전이 곧 나의 도전이라는 생각이 강했던 것 같다.

의기소침해져 있는 아이에게 '넌 마음만 먹으면 뭐든 잘할 수 있는 꽤 괜찮은 아이'라는 걸 알게 해주고 싶었다.

그리고 재혁이.

독일에서 어린 시절을 보낸 재혁이는 갑자기 달라진 환경으로 인한 어려움을 겪는 중이었다.

"한국은 독일과 성적 평가기준이나 방법이 달라서 학교생활에 적응하기가 힘든 모양이에요. 저 좋아하는 레고라도 하면 위로가 될까 싶어 데려왔어요."

레고가 위안이 될지도 모른다는 건 어머니 생각일 수도 있었다. 중요한 건 본인의 의지다. 나는 재혁이의 속마음이 궁금했다.

"레고 말고 다른 것 배워 보고 싶은 건 없니?"

"아니요!"

"넌 언제가 제일 행복하니?"

"레고 할 때요!"

"레고로 뭘 하고 싶은데?"

"뭐든 다 만들고 싶어요. 로봇이랑 자동차랑…. WRO 나가서 독일 친구들도 다시 만나고 싶어요. 그리고 또……."

처음엔 말수도 별로 없던 아이가 레고 이야기가 나오자 적극적으로 자기표현을 하기 시작했다. 이야기가 길어질수록 유머 감각과 순발력이 뛰어나고 아이디어가 충만한 아이라는 걸 알 수 있었다.

마지막으로 막내 종원이.

이제 막 놀이의 신세계를 접한 종원이는 뭐든 제일 열심히 하려고 했다. 형, 누나들이 만든 로봇을 유심히 살펴보곤 하나라도 더 배우려 애쓰던 호기심 대장.

이렇게 해서 세 명의 각기 다른 스토리를 지닌 아이들이 한 팀이 되었다.

누군가는 말했다.

기술은 연필과 같은 것이라고.

모자란 기술은 지우고 새로 도전하면 된다. 하지만 열정은 누가 가르친다고 터득할 수 있는 기술이 아니다.

도전을 결정한 첫날. 나는 아이들에게 물었다.

"너희들은 왜 한 팀이 되었지?"

"레고 로봇 대회에 나가려구요."

"그건 누구 생각이지? 엄마? 아니면 아빠?"

"아니요!"

"자기가 원하는 꿈이 진짜 이루어질 것이라고 믿는 사람?"

이 질문에 손을 번쩍 든 건 팀의 막내 종원이뿐이었다. 이제 내가 이 아이들에게 답을 줄 차례였다.

"제일 중요한 건 너희가 그 꿈의 주인이라는 사실이야."

내가 아이들에게 항상 같은 질문을 반복하는 이유가 있다.

꿈의 주인이 아닌 사람은 누구도 성공할 수 없으니까!

창의, 협동, 배려.

내가 생각하는 놀이는 이 세 가지 덕목을 아이들 스스로 깨우치게 하는 것이다.

부모님이 시켜서.

레고나 체스를 별로 좋아하진 않지만 특별히 하고 싶은 것도 없어서.

이런 마음을 가지고 팀에 들어온 아이들은 뭘 해도 티가 나기 마련이다. 열심熱心이 부족한 탓이다.

"꿈의 주인이 아닌 사람은 우리와 같이 놀 수 없어. 왜냐면 자기가 재미를 못 느끼니까. 그러면 우리 팀의 에너지가 다 거기로 빠져나가 버리거든?"

진지하게 내 말을 경청하는 아이들의 눈망울에서 반짝반짝 별이 빛났다. 눈을 감고 가슴에 손을 얹게 한 뒤에 다시 물었다.

"진심으로 내가 꾸고 있는 그 꿈이 이루어질 것을 믿는 사람?"

이번엔 세 명 모두 손을 들었다.

심리적 호불호가 분명한 아이들에겐 흥미와 재미가 일의 성패를 좌우하는 바로미터가 된다. '세계 100인의 젊은 혁신가' 중 한 명인 제시 셸은 이를 '낙관적 열중상태Optimistic engagement'라는 개념으로 설명한다.

어려운 과제에 직면하면 당연히 스트레스를 받지만 재미를 깨우친 지점부터 적극적으로 몰입하게 되면서 행복감이 극대화되어 능력의 최고치가 나타난다는 이론이다.

자신이 하고 싶은 놀이를 통해 꿈을 꾸게 하는 것.

나아가 그 꿈을 성취하는 과정에서 기쁨을 맛보게 하는 것.

자신이 원하고 바라는 것을 위해 노력하면 뭐든지 할 수 있다고 믿게 해주는 것. 그리하여 4차 산업혁명시대 글로벌 문화를 선도하는 혁신적 인재를 양성하는 것. 내가 생각하는 놀이교육의 본질은 이런 것이다.

〈필리핀 마닐라 WRO〉는 이런 나의 신념을 확인하기 위한 실험무대이기도 했다.

창작 부문에 주어진 미션은 〈다이내믹한 로봇을 통한 관광 및 문화유산 홍보〉.

아이들은 남대문, 수원화성, 거북성, 고인돌 유적지 등을 직접 발로 뛰어다니면서 열심히 자료를 모았다.

그렇게 며칠 동안 머리를 맞대고 아이디어를 짜낸 아이들이 선택한 주제는 은솔이가 사는 동네에 있는 남한산성이었다.

남한산성의 역사적 의미와 문화적 가치를 홍보하는 로봇을 만들어 외국인 관광객 유치에 도움이 되게 하겠다는 것.

빙고!

충분히 해볼 만한 도전이었다. 나는 이것이 아이들 모두에게 소중한 경험이 될 것을 확신했다. 첫 도전이니만큼 여러 가지 난관이 닥칠 것은 불을 보듯 뻔한 일이었으나 이 과정에서 아이들이 얻는 배움은 몇 배, 몇 십 배의 가치가 있으리라.

"가장 중요한 건 팀원들끼리 충분히 아이디어를 공유하는 거야. 한 명이라도 반대하면 대회는 성공할 수 없어. 너희는 한 팀이니까!"

코치로서 내가 해줄 수 있는 건 팀의 중요성을 일깨워주는 조언 정도였다.

주제가 결정되자 아이들은 더 바빠졌다.

"다음에 여기 왔을 땐 로봇 알리미가 있으면 재밌겠다."

"우리도 이렇게 다리가 아픈데, 할머니 할아버지나 몸이 불편한 장애인들은 얼마나 힘들까?"

"성곽도 멋지고 행궁도 정말 멋진데, 눈이 잘 보이지 않는 시각장애인들이 이것을 조금이라도 함께 느낄 수 있는 방법은 없을까?"

한 번 다녀올 때마다 보석 같은 아이디어가 쏟아져 나왔다.

남한산성 주요 유적과 성곽 등에 LED 시스템을 적용한 조형물. 문화유적을 훼손하지 않으면서 이곳저곳 잘 둘러볼 수 있는 올돌이 로봇. 사람들을 싣고 달릴 수 있는 달리미 로봇.

그 밖에도 환영이 로봇, 알리미 로봇 등 남한산성을 방문하는 모든 사람들이 보다 편리하게 우리의 아름다운 문화유적을 감상할 수 있도록 돕는 온갖 장치들을 착안했다.

"너희들 자신을 믿는 것처럼 다른 팀원들도 믿을 수 있겠니?"

본선 진출권을 따기 위한 국내대회 출전에 앞서 아이들에게 마지막 질문을 던졌다.

"네!"

어느새 팀으로 하나가 된 아이들의 표정엔 서로를 향한 강한 신뢰가 묻어났다. 팀에서 실력보다 중요한 건 신뢰의 마음이다. 자신을 믿는 아이는 다른 사람도 나처럼 잘할 것이라고 생각하기 때문에 팀원을 대하는 마음도 긍정적일 수밖에 없다.

반대로 자신이 하는 일에 늘 불안해하고 걱정하는 친구들은 다른 사람에 대해서도 부정적인 생각을 하게 된다.

"나 자신도 못 믿는데 남을 어떻게 믿어?"

어른들도 종종 이런 말을 하지 않는가.

하물며 아이들이다.

자기 스스로에 대한 기대치가 낮으면 다른 사람도 신뢰하지 않게 되는 게 인지상정.

신뢰 면에서 세 아이는 완벽한 하나의 팀을 이루었다.

각자의 꿈을 이루기 위한 최적의 조건이 갖춰진 셈.

그렇다고 과정이 순조로운 건 아니었다. 국내대회 심사위원들은 아이템이 풍부한 점은 긍정적으로 평가했으나, 남한산성의 역사적인 측면이 너무 강조되었고 기술적인 부분이 단조롭다는 이유로 동상을 수여하였다.

당시 국내대회 3등은 세계무대 진출 여부가 불확실한 상황. 아이들은 2주 이상 속을 태우다 창작 부문은 3등까지 WRO 참여가 가능하다는 소식에 환호성을 질렀다.

나는 한국의 교육현실만큼이나 답답한 건 창의성에 대한 개념이 부족한 기성세대라고 생각한다. 편견은 아이들의 순수한 열정에 찬물을 끼얹는 독이 되기도 한다.

본격적으로 세계대회를 준비하면서 남한산성 세계문화유산 등재사업단 등 관계기관을 방문해서도 아이들은 비슷한 경험을 했다.

'성벽이 다르게 생겼다.'

'학생들 생각은 기특하지만, 과연 효과가 있을지 모르겠다.'

'이런 홍보시스템을 만들면 오히려 자연을 해치니 그냥 그대로 두는 게 낫다.' 등등.

하나같이 부정적인 피드백이 돌아왔다. 남한산성을 원형 그대로 구현하지 못한 로봇이라는 게 이유였다. 지금은 가상현실VR이니 증강현실AR이니 하는 말을 흔히 접할 수 있지만, 당시엔 문화유산이라는 콘텐츠에 로봇을 활용한다는 것 자체가 지나친 파격으로 받아들여졌다.

파격 없는 혁신이 가능하기나 할까.

깨뜨릴 파破, 격식 격格의 파격이다.

요즘 남산을 찾는 관광객들이 편하게 케이블카에 오를 수 있도록 돕는 '남산 오르미'도 결국 파격의 산물인 것을.

우리 아이들이 근 10년 전에 착안해낸 로봇이 그것과 무엇이 다르단 말인가. 고정관념을 깨뜨리지 않고 창의적인 인재를 부르짖는 태도야말로 한국의 스티브 잡스, 한국의 워렌 버핏이 등장할 수 없게 만드는 걸림돌이다. 이런 게 바로 우리나라 교육의 가장 심각한 적폐가 아닐까.

어찌 됐든.

아이들은 어른들의 부정적인 평가에도 개의치 않고 마지막까지 세계대회 준비에 최선을 다했다. 이제 남은 관문은 심사위원들 앞에서 영어로 작품을 설명해야 된다는 것.

종원이 부모님은 막내만큼은 좋아하는 걸 실컷 즐기게 한 다음에 공부를 시켜도 늦지 않다는 개방적인 교육철학을 가졌다. 덕분에 종원이는 행복한 초교시절을 마음껏 누리게 되었으나 영어는 알파벳도 채 익히지 못한 상태.

신통하게도 종원이는 심사위원들 앞에서 할 말을 한글로 소리 나는 대로 적은 노트를 줄줄 외우는 기염을 토했다. 그러는 사이 〈영어 파닉스〉를 완전히 익힐 수 있었다. 공자께서 가라사대 '알기만 하는 것은 좋아하는 것보다 못하고, 좋아하는 것은 즐기는 것보다 못하다' 했던가.

2010년 11월, 마침내 세 아이는 마닐라 WRO 대회장에 섰다.

"심사위원 선생님들 앞에선 연습한 대로만 하면 돼. 절대 당황하지 말고, 알았지?"

"예!"

아이들은 활기차게 발표장으로 들어갔지만 어쩔 수 없이 나는 마음을 졸여야 했다. 한국에서 연습할 땐 술술 막힘이 없던 아이들도 막상 심사위원들 앞에 나가면 얼어붙기 일쑤다.

여기서 재혁이의 독일 국제학교 경험이 빛을 발했다.

국내대회에서는 우리말이 서툴러 설명에 어려움을 겪었던 재혁이.

하지만 세계무대에선 자연스러운 영어와 외국문화에 익숙한 제스처가 심사위원들의 이해를 돕는 결정적인 역할을 했다.

대회가 끝나고 우리 팀은 기획의 참신함이 돋보였다는 말과 함께 심사위원장의 극찬을 받았다. 그날은 세 아이 모두 꿈을 이루기 위해 노력하고 준비하면 꼭 이루어진다는 진리를 처음으로 경험하게 된 날이기도 하다.

미국의 철학자 랄프 에머슨은 말했다.

ㅡ노는 것을 아는 것은 행복한 지능이다.

스스로 자기를 끌어올려 귀한 재능을 마음껏 펼쳐 보인 아이들이 자랑스럽다.

아이의 가능성을
S.K.Y.라는 우물에 가두진 말자

어릴 때부터 레고를 좋아했던 정원이는 초등학교 6학년 때 K.F.C. 팀에 들어와 로보컵 세계대회에 첫발을 디뎠다.

부모는 중학생이 되기 전 추억여행쯤으로 생각하고 큰맘 먹고 보낸 대회.

그런데 정원이는 이 대회를 통해 넓은 세상을 경험하게 되면서 로봇에 완전히 매료되었다. 하지만 중학교에 가서도 계속 레고를 하길 원하는 딸을 두고 엄마는 난감한 기색을 나타냈다.

"아이가 하도 졸라대서 마지못해 허락은 했는데, 저러다 학교 공부는 언제 하나 솔직히 불안해요."

부모로선 걱정되는 게 당연하다. 이럴 때 내가 으레 아이들에게 하는 말이 있다.

"네가 좋아하는 걸 계속하려면 엄마를 실망시키지 말아야 돼."

언제나 걱정하는 부모들에게 답을 주는 건 아이들이다.

열정이 정원이를 변화시켰다. 로봇에 투자하는 시간만큼 밤잠을 아껴가며 학교 공부도 열심히 한 것.

그 결과 아무도 생각지 못했던 명문 자사고에 합격하여 부모님을 놀라게 했다.

아이들은 꿈 따라 성장한다. 좋아하는 걸 계속하기 위해선 부모의 기대치를 충족시켜줘야 하고, 그러자면 다른 무엇인가를 포기해야만 된다는 것도 안다.

정원이의 자사고 입학은 또 하나의 출발에 불과하다. 스스로 자기 안의 잠재능력을 증명해 보인 이 아이가 또 어떤 성과를 일궈내 모두를 놀라게 할지는 아무도 모른다.

이른바 '학종시대'다.

최근 방영된 〈SKY 캐슬〉이라는 드라마를 보면 우리 시대의 서글픈 단면이 드러나 있는 듯하다.

자식을 명문 의대에 진학시키려 사교육비로 수십 억 원을 투자-이런 걸 투자라고 표현하기도 좀 민망하지만-하는 것도 예사로 여기는 부모들이 등장하는 드라마에서 가장 충격적인 장면은 결국 그러다 한 가정이 풍비박산 나게 된 사연이다.

부모의 강요에 따라 죽도록 공부해서 명문대 입학에 성공한 아들이 실상은 죽을 만큼 불행했으며, 내면엔 부모에 대한 복수심으로 가득 차 모두들 부러워했던 가족은 끝내 돌이킬 수 없는 지경에 이르렀다.

극중 고3 엄마의 항변처럼 '성적을 조작해서라도 명문대 가려고 미쳐 날뛰는 세상'에서 자식이 커갈수록 부모의 고민은 깊어질 수밖에 없다.

"주변에선 과외 한 과목이라도 더 시키라고 하던데, 우리 애는 괜찮은 걸까요?"

"너무 놀기만 하는 건 아닌지……."

아이가 중학생만 돼도 상담실을 찾는 엄마들의 발길이 부쩍 잦아지기 시작한다. 불안감은 학원에 간 아이와 레고 센터에 간 아이의 귀가 시간을 두고도 상반된 반응으로 나타난다.

"공부를 열심히 하다 늦었겠지." -학원
"여태 놀다 왔어?" -레고 센터

아이가 학원 끝나고 친구 집에서 놀다가 늦게 돌아온 걸 알았어도 별반 다르지 않다.

"머리도 식힐 겸 조금 노는 것도 괜찮아. 하지만 밤늦게 돌아다니면 안 돼."

레고 센터에서 열심히 로봇을 조립하다 늦게 돌아온 아이에게는 뭐라고 할까?

"그만큼 많이 놀았으면 얼른 숙제해야지."

"여태 놀고 들어와서 게임을 또 하니?"

"TV 볼 시간이 어디 있어? 놀았으면 공부를 해야지."

레고는 그저 어린애들이나 가지고 노는 장난감이라는 선입견을 버리지 못하는 이상 부모는 갈등에서 헤어날 수가 없다. 시험 기간이 다가오면 혼란은 더욱 극심해진다.

레고만 붙잡고 있게 해도 될까.
저러다 대학은 갈 수 있을까.

노파심에 갈팡질팡하다 아까운 시간만 허비하는 수도 있다. 엄밀하게 말해서 레고나 체스는 아이의 미래를 위한 교육이다. 당장은 부모의 기대치를 충족시켜주지 못할 수도 있다는 뜻이다.

비非교과 활동을 인정하지 않는 학교에선 학생생활종합기록부에 반영되지 않기 때문에 수학올림피아드나 과학경시대회 수상처럼 부모의 어깨를 으쓱하게 만들어 주진 못할 수도 있다.

"레고가 창의성 개발에 도움이 된다고는 하지만, 그걸로 뭘 할 수 있나요?"

멀리 보고 기다릴 여유가 없는 엄마들은 단도직입적인 질문을 던지기도 한다. 이럴 때 나는 다시 그분들에게 되묻곤 한다.

"아이를 힘들게 학원 보내서 'in-Seoul' 대학으로 만족하시겠습니까, 아니면 저 좋을 만큼 놀게 도와주고 하버드나 옥스퍼드를 보내시겠습니까?"

외국에선 '서울대학교'나 단지 서울에 있는 'S자로 시작되는 대학'이나 인식 면에선 큰 차이가 없다.

대부분 in-Seoul로 통한다.

이른바 '스카이'도 한국이라는 좁은 땅덩어리 안에서나 알아주는 명문대학일 뿐.

의외로 많은 외국인들이 한국의 대학들을 잘 구분하지 못한다는 사실을 알고 놀란 적이 있다.

글로벌 세상에서 출신 학교는 학생의 능력을 평가하는 중요한 기준이 되지 않는다. 아이비리그나 옥스퍼드, 케임브리지 같은 세계 유수의 대학이 아닐 바에야 대학 졸업장이 큰 의미를 갖지 못한다는 얘기다.

나머지는 그저 고만고만한 스펙 가운데 하나쯤 된다고나 할까.

글로벌 세상에서 졸업장은 큰 의미를 갖지 못한다. 중요한 건 아이의 내면이다. 성장 과정에서 보고 느끼고 경험한 것들과 현재 이 아이의 주요 관심사가 이웃과 사회를 위해 어떤 식으로 기여할 수 있을 것인지가 주요 평가기준이 된다.

외국 명문대학에서 학생 선발할 때 중시하는 것도 크게 다르지 않다. 한국 학교에서의 내신등급 또는 전체 석차는 그들의 관심사가 아니다. 그럼에도 등급에 목을 맨 나머지 1점이라도 점수를 올리기 위해 애면글면하는 우리 아이들을 보면 가슴이 아프다.

특히나 아직 갈 길이 한참 먼 초등학생을 학원이다 과외다 억지로 등을 떠미는 부모님들에겐 꼭 이 말을 전하고 싶다.

아이의 장래를 위해 지금이라도 방법을 바꿔보는 건 어떠냐고.

무조건 학원이나 과외를 보내지 말라는 뜻은 아니다. 공부든 뭐든 아이가 좋아서 하는 거라면 반대할 이유가 없지 않은가. 다만 모든 걸 철저하게 아이 중심으로 생각해보라는 것이다.

아이 중심 철학의 기준은 간단하다.

지금 이 순간 아이가 가장 행복해하는 일을 통해서 미래를 설계하도록 돕는 것이다.

빌 클린턴 전 미국 대통령이 백악관에서 한 번, 퇴임 후 고향에서 한 번 더 레고 작품 전시회를 청한 것으로 유명한 네이션 샤와야는 레고 그룹에서 유일하게 인정하는 '레고 마스터 빌더'이다.

CNN이 '반드시 관람해야 될 세계 10대 전시회'로 선정한 네이션 샤와야의 〈The Art of the Brick〉전은 미국, 아시아, 유럽 전역에서 선풍적인 인기를 모았으며 2017년 한국에서도 개최되어 화제를 모았다.

부모님의 바람대로 뉴욕대학 법학과로 진학하여 변호사가 되었으나 그는 수년 동안의 심각한 우울증에 시달렸다고 한다. 일이 즐겁지가 않았기 때문.

어릴 적 가지고 놀던 레고를 다시 손에 쥐기 시작하면서 비로소 그는 자신의 진짜 인생을 찾았다. 현재 그는 미국의 대표적인 팝 아티스트 앤디 워홀 못지않은 인기를 누리고 있다. 레고를 좋아하는 각국의 부호들은 실물 크기의 레고 모형 하나를 갖기 위해 수십 만 달러를 지불하고도 몇 달을 기다려야 한다.

그는 자신의 자전적 에세이 《나는 나를 만들어가고 있습니다》에 이렇게 적었다.

－부모님의 격려가 없었다면 나는 지금의 내가 되지 못했을 것이다.

네이션 샤와야가 로펌을 떠나 레고 스튜디오를 열었을 땐 이미 세 아이의 아빠였다. 보통의 부모라면 남들이 가지 않는 길을 굳이 가려고 하는 자식을 탓할 법도 하건만, 부모는 수입이 끊긴 그에게 생활비를 지원하며 뒤늦게나마 자신의 길을 찾아낸 아들의 꿈을 기꺼이 응원해주었다.

사람은 누구나 즐거움 속에서 보람을 찾을 수 있을 때 능률이 최고치로 향상하는 법이다. 일이든 학업이든 스스로 즐겁게 하지 못하면 그 어떤 세속적인 성공도 본인의 것이 될 수 없다.

제아무리 근사하게 쌓은 모래성일지라도 언젠가 무너지기 마련인 것을.

생존을 위한 놀이

2016년 1월 다보스 세계경제포럼 연차총회에서 가장 핫한 이슈는 미국 뱅크 오브 아메리카BOA와 영국의 옥스퍼드대 연구팀이 조사 발표한 〈직업의 미래〉라는 제목의 보고서였다.

향후 초등학교에 입학한 학생의 65%는 현재 존재하지 않는 직업을 갖게 될 것이라는 캐시 데이비슨 박사의 이론을 재확인한 보고서는 국내 교육계에도 매우 큰 반향을 일으켰다.

나에겐 특히 '초등학생에게 기계가 더 뛰어날 수밖에 없는 국영수 대신, 사람이 기계보다 더 잘할 수 있는 걸 가르쳐 줘야 한다'고 강조한 카이스트 김대식 교수의 주장이 깊은 인상을 남겼다.

미래를 위해 우리 아이는 어떤 교육을 받아야 할까.

알파고의 등장은 교육시스템의 근본적 변화가 불가피한 현실을 강변하고 있다. 그럼에도 우린 아직도 이미 답이 정해져 검색만 하면 나오는 수박 겉핥기식 지식교육에 목숨을 건다.

현대를 '덕후'의 시대라고 한다. 자신이 좋아하는 취미를 직업으로 승화시켰을 때 더 큰 시너지 효과가 발생한다. 하지만 대한민국의 폐쇄적인 교육현장에서 취미는 그다지 중요한 몫을 차지하지 못하는 경우가 허다하다.

취미생활을 시간 낭비와 동일시하는 학부모들도 적지 않다.

"넌 꿈이 뭐니?"

이 질문에 자신 있게 대답할 수 있는 아이들이 얼마나 될까.

속 시원하게 대답을 못하는 아이를 보면 부모들도 걱정이 많다. 그런데 대부분의 아이들은 꿈이 없는 게 아니라, 자신이 생각하는 꿈이 부모의 기준에 맞지 않는다는 것을 간파하고 입을 닫아버리기 십상이다.

아이들은 인정받는 만큼 더 잘하려고 노력한다. 설령 실수가 있더라도 그것을 더 나은 실패, 요컨대 발전적인 경험으로 만들어주는 건 언제나 '괜찮다'고 하는 따뜻한 격려의 말이다.

나이가 어릴수록 중요한 건 자존감이다. 가슴 뛰게 하는 놀이가 부모에겐 하찮은 소일거리로밖에 비쳐지지 않는다고 느낄 때 아이는 스스로 꿈을 거세시켜 버린다.

'넌 놀기만 좋아한다'고 걱정하는 대신 '넌 뭘 해도 참 열심히 한다'고 말해보자.

결과는 백팔십도 달라진다.

우리의 아이들은 한창 꿈을 키워나가야 할 10대에 좋은 대학에 가기 위해 성적에 매달린다. 그런데 이렇게 죽어라 공부만 해서 대학생이 된 아이들의 현실은 어떤가.

캠퍼스의 낭만 따위는 고사하고 4년 내내 취업을 위한 스펙 쌓기로 허덕이며 아까운 청춘 다 보내도 좋은 직장을 얻으리란 보장이 없다. 그러다 30대가 되면 도로 어른아이로 돌아간다.

"엄마, 난 이제 뭘 하면 좋을까요?"

당신의 아이가 초등학생 시절에 끝내야 될 질문을 서른 살이 돼서 꺼낼 수도 있다.

이런 악순환의 고리를 끊어주려면 어디서부터 도와야 될까.

현존하는 프랑스 최고의 지성 자크 아탈리Jacques Attali는 4차 산업혁명시대 인류의 생존을 위한 다음 7가지 원칙을 제시한다.

−스스로를 중요하게 여긴다.

−시간의 밀도를 높인다.

−감정이입을 통해 세계에 대한 나의 의견을 정립한다.

−충격을 겪으면서도 다시 튀어 오른다.

−위협을 기회로 바꾼다.

−하나의 정체성만으로 만족하지 않는다.

−혁명적으로 생각한다.

그는 레고에 몰입하면서 자신만의 세계를 만들어가는 어린아이들의 모습을 통해 레고 문명Civil Lego이라는 신조어를 탄생시켰다. 아울러 레고를 즐기는 사람들, 요컨대 레고 문명권에 속한 사람들을 21세기의 바람직한 인간상으로 제시하며 다음과 같이 말한다.

─이들은 타인의 이질적인 면모를 자연스럽게 받아들이며, 불안한 것을 하나의 가치로 받아들인다. 그리하여 나는 이들을 서로가 서로에 대해 독특한 연대감을 지닌 '새로운 유목민 부족의 창조자'로 명명한다.

미테랑 전 프랑스 대통령의 특별보좌관을 역임하기도 했던 자크 아탈리는 수십 권의 저서와 강연을 통해 끊임없이 인류의 위기를 강조해왔다.

그런 그가 많고 많은 도구 중에서 왜 하필 아이들이 갖고 노는 레고를 주목한 것일까?

레고는 첫 블록을 어디에 어떻게 쌓느냐에 따라 다음 블록의 위치도 달라진다.

매순간 선택에 의해 마치 살아 있는 생물처럼 전체적인 모양이 변화해 나가는 것.

이것이 레고의 핵심이다.

조각의 크기와 색깔, 모양도 제각각.

레고를 조립하는 모든 과정이 반드시 하나의 목표를 향해 가지는 않을 수도 있다. 세상에는 저마다 다른 스타일의 사람들이 존재하며 다양한 관점과 사고방식이 존재한다는 것을 인정할 때 온전히 레고를 즐길 수 있게 된다.

나는 아이들에게 무조건 놀이 그 자체를 즐기라고 조언한다. 블록을 쌓아가는 일에 열정을 쏟다보면 자연스레 더 큰 목적에 접근할 수 있기 때문이다. 자크 아탈리는 이러한 경지를 '합리적 미치광이 상태'라 명명한다.

삶의 질을 결정하는 건 무엇일까.

진화가 덜 된 하등동물은 노는 법을 알지 못한다. 다른 생명체에 기생하여 자양분을 뜯어먹다 그나마 숙주의 생명력이 다하면 더불어 삭아지는 무용한 삶이 그들의 것이다. 놀이의 진정한 가치를 알고 놀이 안에서 진화하는 건 인간의 영역이다.

나는 아이가 놀이에 대하 열정을 긍정적인 에너지를 발산할 수 있도록 부추기는 것이야말로 21세기 부모의 가장 큰 역할이라 생각한다. 저희가 몸으로 체험하며 깨우치는 매 순간순간 하나하나가 아이들에겐 귀중한 삶의 자양분이 된다.

여기엔 이론異論이 있을 수 없다.

다만 하나의 진리가 있을 뿐.

'오늘 행복한 아이가 내일 더 행복하다.'

♜

놀이의 진짜 주인은
누구인가

전 세계 어린이들은 매년 50억 시간을 레고 브릭과 함께 보낸다고 한다. 덴마크에 본사를 둔 레고 그룹은 지난 80년 동안 놀이를 통한 학습과 지능개발을 위해 다양하고 우수한 교육적 솔루션을 제공해왔다.

'훌륭한 놀이는 어린시절은 물론 어른이 되어서도 삶을 풍부하게 해준다.'

나는 이러한 레고 그룹의 기업 철학에 깊이 공감하고 있다. 그런 한편으로는 기업의 속성상 수익을 창출하는 데 우선적으로 신경을 쓰기 마련이라는 점을 이해하면서도 다소 미흡하게 여겨지는 부분이 있는 것도 사실이다.

그중 하나가 레고 박스에 +0부터 +2 +5 +7 라고 표시된 권장 연령이다.

한국의 부모들은 박스에 적혀 있는 숫자만 보고 그것이 만 나이, 즉 외국기준이라는 점을 의식하지 못하는 경우가 대부분이다. 예를 들어 갓 돌이 지난 아이를 세 살로 쳐야 될 경우 레고 박스에 적힌 숫자는 별 의미가 없다는 사실을 간과하기 십상이다.

레고 교육에 대한 한국 부모들의 기대치가 높아가는 요즘 보다 섬세한 매니지먼트 전략이 요구되는 대목이다.

이런 아쉬움에도 불구하고 교육용 콘텐츠로 활용되는 레고 애듀케이션 제품들은 연령별 발달에 적합한 교구로, 매번 다른 주제로 다양한 경험할 수 있도록 체계적인 프로그램이 운영된다는 점을 높이 평가하고 싶다.

내가 생각하는 레고의 가장 큰 장점도 여기에 있다.

가령 유아기 아이들은 발달 단계상 온 세상이 자기를 중심으로 돌아간다고 생각하기 때문에 반복을 통한 놀이의 숙달이 매우 중요한 의미를 지닌다.

레고는 벽돌 모양이라고 해서 통상 브릭Brick이라고 부른다.

2×4 brick(two by four brick)

2×2 brick(two by two brick)

위의 2×4 브릭, 또는 2×2 브릭은 네모 모양의 레고 안에 몇 개의 요철이 있는지를 표시하고 있다. 아이들은 똑같은 기준을 가진 레고를 가지고 놀면서 수학적 과학적 개념을 자연스럽게 터득할 수 있게 된다.

부싱, 기어, 래크기어, 도르래, 지레, 바퀴, 축 등은 레고 브릭마다 정해진 명칭이다. 레고 센터에서 아이들을 가르칠 땐 산업 현장에서 쓰는 이 용어들을 그대로 사용한다.

일곱 살 혹은 여덟 살 아이들의 경우에도 사이즈가 큰 듀플로 레고를 활용하여 지레, 도르래, 기어 등 힘의 원리를 배워 다양하게 레고를 활용하는 방법을 익히는 것을 권장하고 있다. 일찌 감치 과학적 개념에 익숙하게 함으로써 레고를 일상화된 학습의 도구로 활용하기 위해서다.

레고 브릭은 2mm/1,000의 오차 범위 안에서 제작된다. 아이들은 정교하게 제작된 네모 모양의 제한된 2×4 브릭을 가지고 다양한 사물의 형태를 표현하면서 한계를 경험하기도 하고 자기만의 레고를 만드는 방법을 발견한다.

레고 2×4 브릭 6개로 만들 수 있는 레고 모형 개수는 얼마나 될까?

LEGO사가 모든 가능한 조합을 모델링 해본 결과 일주일 동안 프로그램을 실행한 뒤 공식적으로 얻은 결과는 무려 9억(정확히는 915,103,765개) 가지였다.

단 6개의 레고 조각으로 9억 개가 넘는 모형을 만들 수 있다니 놀랍지 않은가.

제한성과 다양성은 레고가 지닌 수많은 장점들 가운데 가장 중요한 의미를 갖는다.

레고 브릭은 여러 사이즈가 있으나 어떤 경우에도 변하지 않는 철칙이 있다. 네모난 조각들만으로 모든 형상과 형태를 표현한다는 것.

가령 2×4 사이즈의 레고 브릭만 가지고도 곡선, 원형, 비틀림, 공동空洞, 문자 등등 세상에 나타나 있는 모든 사물과 움직임, 이미지를 구현해낼 수 있다. 심지어 다빈치의 걸작 〈모나리자〉의 미소까지!

그럼에도 각기 다른 사이즈의 레고 브릭이 교구로 활용되는 건 아이들 각자의 발달 단계와 성향에 따라서 그 쓰임새가 달라지기 때문이다.

예를 들어 유아용 듀플로 레고에 많이 노출되고 잘 활용하는 아이의 경우, 작은 사이즈 시스템 레고도 얼마든지 활용해도 좋다. 하지만 레고 듀플로 큰 사이즈로 다양하게 이것저것 놀아보지 않은 아이의 경우, 인지적인 자극을 주겠다는 일념으로 조립도를 똑같이 따라 만들도록 강제하는 연습은 아이를 레고와 결별하게 만드는 원인이 될 수 있다. 이때 아이에게 가장 절실한 건 풍부하고 흥미로운 환경의 제공이다.

아직 작은 브릭을 자유롭게 사용할 준비가 되어 있지 않은 유아들에게 작은 시스템 브릭을 주게 되면 브릭을 다양하게 활용하는 것에 심각한 제한을 느낀다. 그러므로 아이는 오로지 매뉴얼을 따라가는 조립의 완성만 중요한 줄 알고 조립도가 없으면 시작 자체를 못하는 경우도 허다하다.

어떤 엄마들은 말한다.

"우리 애는 왜 똑같은 것만 만들죠?"

좋아하는 것을 반복할 수 있게 허용하는 것의 장점을 모르고 하는 얘기다. 만들고, 덧붙이고, 조금씩 천천히 하나하나 충분히 질리도록 경험하고 좋은 느낌이 쌓여야 그다음이 있는 법이다.

플레이웰은 아이들의 성향, 아이들의 욕구를 무조건 존중한다. 자신이 원하는 방식을 선택해서 놀 수 있게 하기 위해서다.

허수아비 만들기 시간을 예로 들어보자.

"아니, 아니, 허수아비는 그렇게 만드는 것이 아니라 이렇게 하는 거야."

또는

"이 부분이 틀렸네. 그렇게 하면 안 돌아가지."

쓸데없는 친절을 베풀어 아이를 돕겠다고 나서지 않는 게 우리의 원칙이다. 허수아비라는 큰 주제만 제시하고는 나머지는 놀이의 주인인 아이의 상상에 맡긴다.

허수아비가 있는 가을 들판에 노랗게 익은 벼, 경운기, 새들까지!

혹은 그 아이만의 색다른 경험이든 판타지든 어떤 것도 수용된다. 허수아비를 만들자고 한 시간에 아이가 만든 그 어떤 것이든 종국에는 허수아비와 연관이 있도록. 그렇게 상상력의 단계를 밟아나가고 집중하고 몰입하면서 아이는 점차 큰 주제에 근접하게 된다.

교사 또는 부모가 매뉴얼에 갇혀 있으면 그 아이의 상상력에 자물쇠를 걸어 놓는 것과 같은 치명적인 파국을 초래한다.

아이들은 진정 놀이의 주인이 되길 원한다.

자동차를 좋아하는 아이에게 지금부터 로봇을 만들어야 하니 자동차 따위는 잊어버리라고 한다면 놀이에 집중할 수 있을까?

대신 너는 자동차를 좋아하니 로봇을 만드는 시간에는 로봇 자동차를, 세탁기를 만드는 시간에는 빨래하는 자동차, 공룡을 만드는 시간에는 공룡 자동차를 만들지 않겠냐고 물어보면 결과는 백팔십도 달라진다.

놀이의 시작도 끝도 아이 중심!

그것이 이제 막 싹을 틔우려는 아이의 상상력에 날개를 달아 주는 최고의 마법이다.

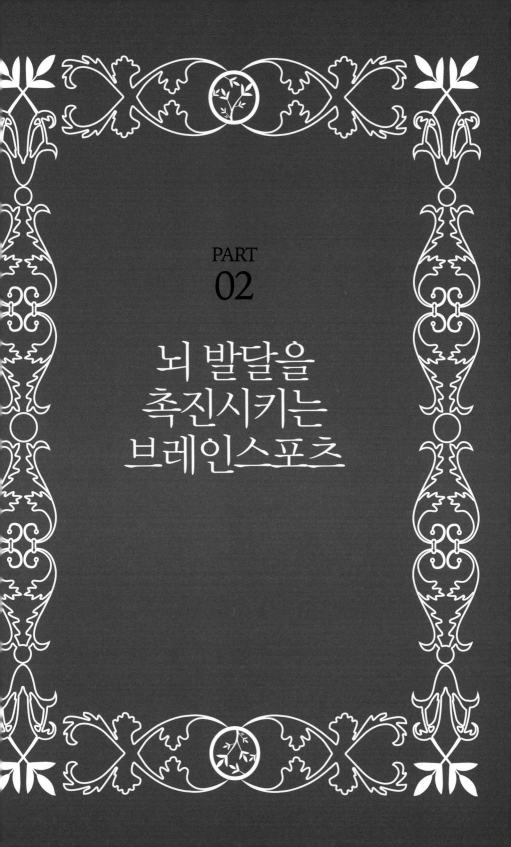

PART
02

뇌 발달을
촉진시키는
브레인스포츠

정말로 잘 놀기만 해도
대학 갈 수 있나요?

덴마크어로 '잘 노는Play well'이란 뜻을 가진 레고LEGO는 오랜 세월 전 세계 아이들 장난감의 대명사로 인식되어 왔다. 손을 쓰는 놀이가 유아기의 두뇌발달 뿐 아니라 정서적으로 도움이 된다는 건 여러 연구결과를 통해 널리 알려진 사실. 아이들 선물로 레고가 인기를 끄는 이유도 이것 때문이다.

대한민국도 예외는 아니었다. 교육에 열성적인 엄마가 아니더라도 아이를 키우는 집이면 레고 하나쯤은 가지고 있는 게 자연스러운 풍경이 된 지도 오래다.

"다른 건 몰라도, 아이가 레고를 할 때 노는 것 같지가 않아요. 왠지 머리가 똑똑해지는 것 같은 기분이 들기도 하구요."

반대의 경우도 있다.

"우리 아이는 레고만 하고 놀아요."

가끔 이런 말을 하는 엄마들도 살짝 의구심을 내비치곤 한다.

"솔직히 아이가 레고를 너무나 좋아하니까 은근 걱정스럽기도 해요. 정말 레고만 가지고 놀아도 대학에 갈 수 있을까요?"

대답은 예스다.

자크 아탈리는 자유로운 사고와 정체성으로 세상을 창조하는 21세기형 인재를 '레고형 인재'라고 표현했다. 풀이하자면 잘 노는 아이가 21세기형 인재가 될 수 있다는 말이다.

"너는 뭐하고 노는 것을 좋아해?"

잘 노는 레고형 인재의 첫째 조건을 충족시키려면 이 물음에 바로 대답할 수 있어야 한다.

레고 이야기를 할 때면 얼굴에 웃음꽃이 피어나고, 하고 싶은 말이 너무 많아 어쩔 줄 모르는 모습을 보이면 일단 합격이다.

태현이가 그런 경우였다.

"저에게 모든 공부의 시작은 로봇이었습니다."

고려대와 중앙대, 성균관대 일반전형에 동시합격하고 최종적으로 성균관대 소프트웨어학과 장학생의 길을 선택한 태현이가 자소서 맨 앞줄에 쓴 글이다.

어린 시절을 지방에서 보낸 태현이는 여섯 살 때부터 레고를 시작했다.

내가 이 아이를 처음 만난 건 초등학교 5학년 때였다.

"너는 레고가 왜 좋아?"

"그냥 좋아요."

이 말을 할 때 반짝반짝 빛이 나던 눈망울, 붉게 상기된 앳된 얼굴이 지금도 눈에 선하다. 이미 태현이는 자신만의 놀이를 즐길 줄 아는 아이가 되어 있었다.

호기심은 배움의 시작이다.

태현이의 꿈은 로봇에 생명을 불어넣어 인간의 뇌 역할을 하게 만드는 첨단 소프트웨어 전문가가 되는 것이었다.

레고 마인드스톰을 활용한 로봇코딩을 배우기 시작한 중학생 때부터 그 열정이 빛을 발했다. 레고를 '그냥' 좋아하던 아이가 학교에서 배우는 모든 과목을 레고와 연결시켜 생각하고, 레고로 시작된 고민을 교과 과목을 통해 해결하기 시작했다.

자신이 원하는 대로 레고 로봇을 움직일 방법에 몰두하다 물리에 관심을 가졌고, 로봇 프로그래밍을 잘하려고 수학을 열심히 공부했다.

세계대회에서 만난 외국 친구들과 로봇에 대한 이야기를 나누고 정보를 교환하는 재미에 푹 빠져 영어 공부도 열심히 했다. 덕분에 브라질, 호주, 싱가포르, 중국 등 국제무대에 두각을 나타내면서 고1 때 로봇 세계대회 1등상을 두 번이나 수상했다.

문제는 학교에서 외부대회 수상 경력은 인정해주지 않는다는 것.

로봇과 함께 꿈을 키워온 아이에겐 열정에 찬물을 끼얹는 상황이 아닐 수 없었다. 나로서도 그때가 가장 가슴 아픈 순간이었다.

"로봇도 계속하고 싶고, 공부도 놓치고 싶지 않아요."

눈물을 펑펑 쏟으며 힘들어 하는 아이를 위로할 수 있는 말은 많지 않았다. 이 아이가 얼마나 뜨겁게 학창시절을 보냈는지 누구보다 잘 알고 있었지만 도울 방법이 없어 답답할 따름이었다.

"그래도 포기는 하지 말자! 분명 길이 있을 거야!"

둘 다 절실했기 때문일까.

그 순간 문이 열렸다.

"길이 없으면 누구든 먼저 길을 만들면 되는 거야. 안 그러니?"

그동안 K.F.C.는 용인시에서 운영하는 청소년 동아리 모임 소속으로 여러 국내외 대회에 출전해왔다. 태현이는 팀의 핵심 멤버였다. 하지만 로봇 관련 동아리가 없는 학교에서 로봇 세계 챔피언이라는 국가적 영광마저 개인적 기쁨에 불과한 것이 돼 버렸다.

'만약 태현이가 학교 대표로 세계대회에 출전하여 수상을 하게 되면?'

어쩌면 방법이 있을지도 몰랐다. 실망만 하고 있을 때가 아니라 단 1%의 가능성에라도 매달려야 했다. 고맙게도 아이는 내 말을 따라주었다. 스스로 그 길의 개척자가 되기로 한 것이다.

로봇 동아리 불모지였던 모교에 자율 동아리를 만들기로 한 태현이는 소프트웨어에 관심 있는 친구와 후배들을 하나둘씩 끌어 모았다. 이 과정에서 아이가 보여준 리더십은 놀라웠다.

자신이 직접 만든 자료로 팀원들을 이끄는 한편, 대회 출전 경험이 없는 후배들의 멘토 역할을 하느라 잠자는 시간을 아껴가며 공부하면서도 얼굴엔 항상 활력이 넘쳤다.

태현이의 노력은 학교 선생님들이 감동할 정도였다. 열정 앞에 장사 없다는 말은 진리 중의 진리다.

나는 학교에서 2학년 때부터 동아리 활동성과를 생기부에 반영해주기로 결정했다는 소식을 듣고 비로소 가슴을 쓸어내렸다.

태현이의 부모님도 대단하신 분들이다. 보통의 학부형들 같으면 내신에 대한 부담감으로 학원으로 등 떠미는 경우가 대부분인 고3 때도 태현이의 부모님은 자식의 선택을 아낌없이 격려하고 지지해주었다.

학교 시험 운이 좋지 않았던 태현이는 내신 3등급으로 대학입시를 치렀다.

목표는 소프트웨어 관련 학과가 있는 서울의 명문대학. 문제는 내신이었다. 태현이는 모의고사에서 우수한 성적을 거뒀으나 내신 3등급이라는 이유로 수시 포기를 권유하는 소위 입시전문가의 조언에 또 한 번 좌절을 겪어야만 했다. 입시철만 되면 학원가에 떠도는 이야기가 있다.

'대치동에선 없는 스펙도 만들어 대학에 보낸다더라.'

소문의 진위 여부를 떠나 이런 말이 공공연하게 퍼지는 것 자체가 대한민국 입시교육의 허상을 여실히 보여주는 바로미터가 되는 현실. 무엇보다 나를 슬프게 하는 건 등급이라는 허울만 보고 그 아이가 가진 무한한 내적 스펙을 외면하는 어른들이었다.

태현이가 받은 상처는 생각보다 골이 깊었다. 더군다나 현재 등급으로는 인서울in Seoul 4년제도 불안하다는 무책임한 컨설팅 업자의 말이 아이에겐 비수가 되었다.

"수시는 아예 원서조차 쓰지 않으려고 하네요……."

힘들어하는 아이가 안타까워 애간장이 타들어가는 어머니에게 나는 자신 있게 말했다.

"태현이처럼 진짜배기 스펙을 가진 학생을 몰라보면 대학들이 손해죠. 어떻게든 원서를 쓰게 할 테니 걱정 마세요, 어머니!"

내가 이토록 장담하는 건 이유가 있었다.

하버드대학의 교육전문가 토니 와그너는 성공한 젊은 혁신가들을 인터뷰한 결과, 아주 중요하고도 의미 있는 결론을 얻었다.

이들은 자신의 놀이를 열정과 목표로 발전시켜 나가는 과정을 통해 '창의적인 사고 능력'과 그에 적합한 '전문성'을 갖춰 나갔다고 하는 사실이다.

토니 와그너는 아이들의 동기를 이끌어내기 위한 필수요소로 '3P' 즉, 놀이Play, 열정Passion, 그리고 목적Purpose을 꼽았다.

자신이 좋아하고, 즐기며, 관심을 쏟는 분야가 있는 아이들이 미래의 혁신가로 떠오른다는 주장이다. 단순히 지식을 평가하기 위해 아이들을 경쟁자로 갈라치기 하기보다는 어떤 문제를 공유하며 협업하는 지혜를 일깨워주고, 문제해결 뒤의 성취감을 느끼도록 하는 것이 훨씬 좋은 교육시스템이라는 것이다.

결론적으로 미래의 혁신가는 '함께 잘 노는 아이'라는 것.

태현이의 내면에는 그 세 가지 요소가 완벽하게 들어차 있었다.

어릴 적부터 이미 모든 준비가 되어 있는 아이에게 더 이상 무슨 조건이 필요할까.

토니 와그너 외에도 '함께 잘 노는 아이'가 미래의 혁신가로 성장한다는 이론을 제시한 학자들은 수도 없이 많다.

나는 태현이가 그 증거가 되리라 믿고 진심으로 격려했다.

"난 네가 이 다음에 생각해보고 조금이라도 후회가 없는 선택을 했으면 좋겠다."

하지만 처음엔 태현이도 쉽사리 마음을 정하지 못했다. 속이 깊고 반듯한 아이였다.

7년을 지켜본 나에겐 수시에 불합격해서 부모님을 실망시키고 싶지 않아 하는 속내가 여실히 읽혀졌다.

부모님의 지지가 더욱 필요한 때였다.

태현이 어머니와도 많은 이야기를 나누었다. 그러면서 아무리 대단한 학교라도 아이를 직접 만나 보면 그 학교에 꼭 필요한 인재라는 사실을 외면할 순 없을 거라는 확신이 점점 강해졌다.

오죽하면 나는 이 아이가 수시에 떨어지면 청와대에 청원이라도 넣겠다는 생각까지 했다.

수시전형 원서마감이 코앞에 닥쳐 속이 바짝바짝 타들어가던 어느 날.

마침내 태현이가 결심을 굳혔다.

"일단 질러 보려구요, 원장님! 도전도 안 해보고 떨어지면 평생 후회가 남을 것 같아요."

"그래, 태현아! 장하다!"

고맙다는 말이 절로 나왔다.

요즘도 틈만 나면 K.F.C. 팀이 참여하는 대회장에 나와 후배들을 격려하는 태현이를 보면 그렇게 든든할 수가 없다.

"저에게 모든 공부의 시작은 로봇이었습니다."

언젠가 태현이가 세계적인 소프트웨어 전문가 반열에 올라 청중들 앞에서 연설을 한다면, 그때도 이런 말로 열정의 포문을 열지 않을까.

누가 봐도 당당하게, 멋지게.

정말로 한국에선
레고를 돈 주고 배우나요?

한국과 덴마크가 수교 55주년을 맞은 2014년 어느 날 레고 본사로부터 전화가 왔다.

"이번 총리 방한 일정에 귀 센터 방문을 포함시켜도 되겠습니까?"

덴마크 총리가 자국의 대표 브랜드인 레고를 활용한 교육기관 방문을 원한다는 것.

나는 망설임 없이 'Yes!'라고 대답했다.

이유는 단 하나.

아이들에게 레고를 통한 놀이의 진가를 일깨워주고 싶었기 때문이다.

그동안 내가 아이들에게 수없이 했던 말이 있다.

"세계 어느 곳에서 어떤 누구를 만나더라도 걱정하지 마. 영어를 잘못해도 우리의 언어는 우리의 놀이니까!"

덴마크 총리 일행 영접 행사는 우리 아이들에게 그것을 증명해줄 특별한 기회였다.

이번 행사를 준비하면서 주변에서 제일 많이 들었던 질문이 '우리나라로 치면 대통령에 해당되는 분이 왜 이 조그만 학원에 오느냐'는 것이었다.

이에 대해 주한 덴마크 대사는 한국에서 레고가 교육의 콘텐츠로 자리 잡고 부가가치를 창출하는 산업에 속한다는 사실을 총리가 직접 확인하고 싶어 한다는 뜻을 전했다. 그러면서 직접 교육비를 지불하는 학부형들과의 대화 시간을 갖게 해달라고 부탁했다. 대사 입장에서도 레고가 아이들과 부모에겐 어떤 의미를 갖는지, 정말로 한국에선 돈을 주고 레고를 배우는지, 또 뭘 어떻게 배우는지 등등 궁금한 게 많다는 말과 함께.

덴마크에는 학원 혹은 교육센터의 개념이 없다고 한다. 모든 교육은 공교육 시스템 안에서 이루어지기 때문이다.

그에 반해 한국의 레고 에듀케이션 프로그램은 현재 전 세계 교육의 화두로 떠오른 STEMScience, Technology, Engineering, Math 프로그램에 Art를 추가한 최고의 콘텐츠로, 가까운 아시아는 물론 교육열이 높은 북미, 유럽에도 역으로 수출되었다.

우리 센터의 경우 스토리텔링으로 연결된 각 교과과정의 주요 학습내용이 프로그래밍되어 있는 것을 레고로 배울 수 있다. 아이들은 물리적 힘의 원리나 혹은 수학적 이해의 바탕 위에서 모험을 통해 자기만의 레고 작품을 탄생시킨다.

덴마크 대사는 '어떻게 그런 일이 가능한지' 반신반의하면서도 강한 흥미를 나타냈다.

백문이 불여일견.

나는 그 의문에 대한 답을 아이들이 보여줄 거라 믿었다.

그때만 해도 아이들은 덴마크에 대해 '레고를 만드는 나라' 혹은 '안데르센의 고향'이라는 것 외에는 별로 아는 것이 없었다. 헬레 토르닝 슈미츠 Helle Thorning-Shmidt 현 (2014년 기준) 총리가 덴마크 최초의 여성총리라는 사실도 행사를 준비하면서 알게 되었다. 아이들은 정말 즐거운 마음으로 준비에 임했다. 자신들이 좋아하는 레고를 만드는 나라에서 손님이 찾아온다는 것만으로도 확실한 동기부여가 되었다.

"덴마크는 어디에 있는 나라일까?"

"주요 산업은 무엇일까?"

"인구는?"

"우리와 문화적으로 서로 닮거나 다른 점은?"

하나라도 더 많은 정보를 공유하기 위해 열띤 토론을 벌이면서 아이들은 자연스럽게 외국 문화에 대한 호기심을 가졌다.

무엇인가를 스스로 직접 계획하고 운영하는 순간부터가 아이들에게는 중요한 경험이 된다. 나는 아이들이 좋아하는 레고로 소통하는 것에 이번 행사의 가장 큰 의미를 두었다.

아이들은 "We are best Friends!"를 행사의 주제로 정했다. 유치원생부터 초중고생을 망라한 20여 명의 K.F.C. 팀이 이 행사의 주인공들이었다.

환영인사에서 마무리 이벤트까지 전 과정이 아이들의 손끝에서 이루어졌다. 코치 선생님들은 아이들의 능동적 참여를 이끌기 위해 각자의 능력에 맞는 작업과 그 작품을 만드는 이유와 목적, 공동 작품의 경우 그것의 역할과 범위를 나누는 작업을 도왔다.

가령 로보틱스를 잘 다루는 아이들은 한덴 수교 55주년 축하 프로그래밍 외에 레고로 만들 수 있는 로봇 작품들을 각기 하나씩 준비하여 직접 프로그램을 실행하게 했다.

나이가 어린 팀원들은 레고 브릭으로 각 나라 사람들의 특성 표현하기, 덴마크 왕궁 근위병 교대식과 경복궁 수문장 교대식 이미지 만들기를 맡았다. 태극기와 덴마크 국기가 거의 다 완성된 상태에서 귀빈들 가운데 누군가가 맨 마지막 브릭을 마무리하면 서로 축하의 박수를 치는 이벤트를 준비하기도 했다.

매일매일 색다른 아이디어가 흘러나왔다. 레고로 만든 작품만으로는 재미가 덜할지도 모른다 생각한 아이들은 영화 〈겨울왕국〉을 떠올렸다. 총리 일행이 당도하면 가장 어린 팀원들이 이

영화의 주제곡 〈Let it Go〉를 부르면서 안데르센 방으로 초대하고, 이어서 덴마크 왕궁과 경복궁을 레고 작품으로 구현한 또다른 방으로 안내하는 이벤트였다.

또한 이 모든 과정을 사진과 그림으로 엮은 책자를 선물로 준비했다.

그런데 총리 방한을 이틀 앞두고 변동이 생겼다. 크림반도 사태로 인한 EU 긴급정상회의 때문에 총리 방문 일정이 취소되고 산업통상부 장관단으로 교체된 것.

여성총리에게 전할 편지와 동영상까지 준비한 아이들로선 실망스러울 만도 한데, 놀랍게도 곧 긍정의 에너지를 분출했다.

무엇보다 대견한 건 이 아이들이 민간 외교관으로서의 역할을 톡톡히 해내고 있다는 사실이었다. 상황이 달라진 만큼 처음부터 다시 준비해야 하는 번거로움이 따랐으나 아이들은 마지막 날까지 최선을 다했다.

"We are best Friends!"

행사 당일, 동아리 룸에서 이벤트가 끝날 때마다 사절단의 환호성이 터져 나왔다. 이 순간만큼은 연령, 성별, 국적에 관계없이 모두가 레고로 맺어진 친구들이었다.

행사가 끝나고 얼마 뒤에는 레고 본사 운영진과 레고 마인드스톰 EV3 디자이너 일행이 다시 센터를 찾았다. 레고를 활용한 교육 방법을 문의하러 온 것이었다.

뒤늦게 알게 된 사실이지만 한국덴마크 수교 기념행사에 대한

덴마크 산업통상부 장관 일행과 함께한 K.F.C.

호평이 레고 본사는 물론 일본 레고에듀케이션 본부에까지 전해진 모양이다.

나는 이때 아이들 각자가 자신의 프로젝트를 직접 설명하게 했다. 누군가에겐 이 시간이 더할 나위 없이 소중한 경험이 될 것이기 때문이다.

레고 센터에 오는 아이들 중 대다수는 세계무대에서 경험을 쌓기 원한다. 그렇다고 기회가 쉽게 주어지는 건 아니다. 가령 국내 예선 통과의 벽에 걸리거나, 어렵게 세계대회 출전권을 획득하더라도 시험기간, 혹은 부모님의 경제적, 심리적 지원 등 현실적 문제에 부딪혀 기회를 얻지 못하는 경우도 적지 않다.

이런 아이들에게 외국인들 앞에서 자신의 레고 작품을 직접 발표할 기회를 주고 싶었다.

단 한 번이라도 자신이 만든 작품을 마음껏 펼쳐 보이고 자랑하는 그 순간.

레고는 그저 평범한 장난감이 아니라 아이가 자신을 표현하는 최고의 도구, 나아가서는 그 아이의 정체성을 찾아가는 여행의 출발점이 될 수 있다.

그렇게 한 번 두 번 경험이 쌓이면서 아이들은 세계무대에 대한 자신감을 갖게 된다. 그리고 그 자신감이 우리 아이들을 글로벌 세상의 중심으로 이끈다.

엄마들은 간혹 아이를 이해할 수 없다고 말한다.

"기껏 사 줬더니 레고를 안 가지고 놀아요."

"레고를 좋아하는 줄 알았는데 벌써 싫증이 난 모양에요."

사실 조금만 생각해 보면 답을 찾는 건 어렵지 않다.

아이는 레고 할 시간이 없는 것 아닐까?

학교에서 오자마자 간식 먹고, 다시 학원으로 가야 할 아이에게 놀 시간이라고 해야 얼마나 될까. 레고 세트를 펼치기 무섭게 저녁 먹고는 태권도 학원으로, 태권도 다녀오면 씻고 학교 숙제, 학원 숙제, 일기까지 쓰고 나서 겨우 한숨 돌리려는 찰나에 들려오는 엄마의 한마디.

"일찍 자야 키가 크는 거란다."

"놀고 싶은데……."

"늦었어. 노는 건 내일 해도 되잖아."

펼치면 한 시간이고 두 시간이고 몰입하게 될 걸 뻔히 아는 아이가 이 상황에서 레고를 꺼내 놓을 엄두가 날까.

삶의 질을 결정하는
생애 첫 놀이

"존중받는 아이는 존경받는 리더가 된다."

"사명과 비전을 가진 한, 리더는 멋진 의미를 창출해내는 이 시대의 나침반이 될 수가 있다."

숙명여대 아동복지학과 재학시절 은사님이신 이소희 교수님께서 들려주신 말이다.

나의 사명, 나의 비전은 이 땅의 많은 아이들에게 좋은 영향을 끼치는 사람이 되고자 하는 것이다.

아마도 그 시작은 고등학교 때 '아가페' 라는 천주교 기도모임 동아리 봉사활동에 참여하면서부터였던 것 같다.

우리는 지체장애인들의 미사봉헌을 위한 자원봉사를 했다. 주일을 맞아 봉사라는 거룩한(!) 명분을 가지고 성당을 찾았지만, 미사가 끝난 뒤 동아리 친구들과 함께 성당 마당 주변—경기전

등 지금은 한옥마을로 멋지게 탈바꿈한-에 모여서 놀고 싶은 마음이 적지 않았으리라.

막상 성당을 찾았더니 자기 몸 하나 가누기도 힘겨운 분들이 오로지 신앙심 하나로 고행 아닌 고행 길에 나선 모습이 안쓰러워 가슴이 울컥했다.

장애가 심한 경우는 어린아이를 데리고 미사에 참여하는 것 자체가 고역이다. 우리는 운전봉사자분들의 도움으로 어렵사리 아이를 성당까지 데려왔으나 진짜 고행은 여기부터였다.

갓난아이부터 많아야 세 살, 네 살 먹은 아이들.

낯선 환경에 겁을 먹었던 모양인지 갑자기 떼를 쓰기 시작했다. 부모는 안절부절 어쩔 줄 모르고, 그럴수록 어린아이들은 울고 보채고, 개중에는 난처한 나머지 미사를 포기하고 돌아서려는 부모님들도 있다.

어른들이 미사를 드릴 수 있도록 먼저 성전으로 자리를 안내한 뒤, 부모와 분리된 아이들을 보살피는 게 우리의 일이었다. 몸이 불편한 엄마는 아기를 잘 돌보려 해도 그럴 수가 없다. 그러니 성당에 온 아이들 대부분은 몰골이 형편없었다. 제대로 씻기지 못한 탓이다.

고등학생 신분에 갓난아이들까지 돌보는 게 쉽진 않았다. 행여 다치게라도 할까봐 동작 하나하나가 조심스러울 수밖에.

아이가 고집 부리기 시작하면 감당이 안 된다. 자기 뜻대로 되지 않는 상황에 대한 분노가 없던 기운까지 불러내는 것일까.

엄마한테 가겠다고 몸부림치는 아이를 달래 수돗가에 앉히는 것만도 혼이 쏙 빠질 지경이었다.

씻긴다고 해봤자 얼굴에 흐르는 땟국물을 닦아주는 정도였으나 싫다는 아이 데리고 실랑이를 하다보면 온 몸의 힘이 다 빠져나가는 듯했다.

나는 이 경험을 통해 아이들은 가짜로 표정을 꾸미지 못한다는 사실을 알았다. 상대방이 진심인지 아닌지, 호의를 가지고 다가오는지 그렇지 않은지도 금세 알아차린다. 건성으로 시늉이나 하는 시간 때우기 식 봉사로는 아이들 마음을 열지 못한다.

"비눗방울 놀이할까?"

"깨끗하게 씻고 간식 먹자."

"간식을 먹고 나면 언니 누나들이랑 재미있게 놀 거야."

"너희는 무슨 놀이가 좋아?"

우리는 끊임없이 아이들에게 말을 걸었다. 그러자 아이들 표정이 달라지기 시작했다. 닫혀 있던 마음 문이 서서히 열리는 순간, 아이들은 순순히 자기 몸을 맡겨왔다.

우리는 아이들이 좋아하는 놀이를 함께하면서 동심으로 돌아갈 수 있었다. 그렇게 하루를 보내고 나면 여느 때보다 충만한 기쁨이 내게 찾아들곤 했다.

그때마다 머릿속에 떠오르는 생각이 있었다.

다른 사람을 도울 수 있을 때 내가 제일 기쁘다는 사실, 그리고 아이들과 함께 있을 때 그 기쁨은 배가된다는 사실이다. 아동복지학과에 진학한 건 그런 이유에서다.

아동을 주제로 한 학문이 전무하던 시절, 국내 최초로 아동관련 학과를 개설한 숙명여자대학 아동복지학부 슬로건은 '아해사랑 아동복지'다.

－아이와 아이, 아이와 부모, 아이와 교사가 주고받는 상호작용은 추상적 사고능력을 발달시킨다. 사람과 사람이 만나는 첫 번째 놀이는 아동의 인지능력 향상에 지대한 영향을 미친다.

생애 첫 놀이의 중요성을 강조한 비고츠키L.Vygotsky, 1896~1934, 구소련의 발달이론을 구축한 심리학자 이론의 핵심은 영유아기 아동의 두뇌와 감성발달과 놀이의 연관성에 관한 것이 주를 이룬다.

'놀이는 인간의 뇌가 가장 좋아하는 배움의 방식'이라고 한 다이앤 에커먼Diane Ackerman , 1948년~, 미국의 시인이자 박물학자, 정원사. 저서로《감각의 박물학》,《나는 작은 우주를 가꾼다》,《천개의 사랑》등 박사의 뇌과학 관련 책들도 학부 시절 나에게 많은 영감을 주었다.

세상에 널리고 널린 놀이 가운데 아이들에게 가장 긍정적인 영향을 미칠 수 있는 놀이는 무엇이 있을까. 단지 킬링 타임Killing Time용 놀이가 아닌, 재미Fun와 안정감Healing을 선사하며 배움과 의미를 쌓는Building 도구로서의 놀이.

나의 최종 선택은 레고와 체스였다.

엄밀하게 말해서 레고나 체스는 상위 1%에 대한 교육이다. 영어, 수학 과외수업을 시키기도 빠듯한 학부형들에게 '놀이교육'은 남 얘기로 들릴 수도 있다.

어릴 적 시골 할아버지 댁에 놀러 가면 체스가 있는 집이 단 한 집뿐이었다. 그 댁 어른이 일본 유학길에 사 가지고 왔다는, 당시로선 희귀한 물건이었다.

마을엔 체스를 할 줄 아는 사람도 없었다. 아빠는 간혹 그 댁에 다녀올 때면 사랑방에서 그 댁 형제들이 가지고 놀던 체스 이야기를 꺼내곤 하셨다.

"서양에선 장기나 바둑처럼 체스를 두고 논다는구나."

돌이켜보면 많이 부러우셨던 모양이다. 경험해보지도, 즐겨 보지도 않았건만 내 아버지에겐 체스가 하나의 로망이었는지도 모른다.

프라하체스오픈에 처음 참가했을 때 나는 무척이나 들떠 있었다. 오랜 세월이 흐른 지금, 체스 구단주가 되어 아이들을 이끌고 이곳에 온 딸자식을 보면 아버지는 무슨 생각을 하실까.

프라하는 길거리 풍경이 무척 인상적인 도시였다. 북카페에서 심각한 얼굴로 체스를 두는 프라쟌 Pražan, 프라하 사람들, 체스 관련 서적을 비롯하여 열쇠고리, 컵, 엽서, 문구류 등 체스를 주제로 한 물건들로 가득한 테이블 장……

노상에 테이블을 펼쳐놓고 체스 굿즈를 판매하는 한 아저씨는 우리나라에선 아직 한 명도 나오지 못한 체스 그랜드 마스터 출신이라고 했다.

나와 아이들은 매일 다양한 테이블 장이 서는 이곳에서 신기한 물건들을 하나씩 사 모으곤 했다. 그렇게 시내를 누비고 다니다보면 은퇴 후 낙향하신 아버지 생각이 많이 났다.

가장 내 눈에 띄었던 것은 원목으로 된 고풍스런 체스 기물세트였다. 우리나라 대형마트에서 구할 수 있는 플라스틱 스티커 체스와는 느낌부터가 다른!

할아버지 댁에는 바둑판이 있었다. 바둑을 좋아하셨던 할아버지의 유품으로 남은 오래된 원목 바둑판은 이제 사랑방 대청마루 안쪽 구석에 먼지를 뒤집어쓴 채 놓여 있다.

불현듯 행복한 상상이 뇌리에 스쳤다. 내 아버지가 어린 손주들과 멋지게 체스를 즐기는 모습을 떠올리자 마치 그것이 내 오랜 소망이었던 것처럼 느껴지기도 했다.

프라하체스오픈 대국 장면

이때 거금을 들여 구입한 체스 세트를 부둥켜안고 돌아와 귀국하자마자 아버지께 선물로 드렸다. 가끔 시골 외갓집에 놀러 간 아이들이 할아버지 할머니와 체스를 두는 광경을 보고 있노라면 한 폭의 평화로운 정물화가 연상되곤 한다.

고도의 집중력과 분석력을 요구하는 체스는 문제해결 과정에서 목표의식과 성취감을 느낄 수 있어 자기계발에도 도움이 될뿐더러, 노인들의 치매예방에도 효과가 있다는 연구결과가 있다. 말하자면 남녀노소 모두가 즐길 수 있는 브레인스포츠라는 것.

생애 첫 놀이가 노년에 이르러서도 유용하게 쓰이는 체스의 놀라운 반전이다.

가족이 함께할 수 있는 놀이가 점점 줄어들고 있는 요즘, 체스 한 세트 들여놓는 것만으로도 일석이조의 효과를 기대해볼 수 있으니 이 얼마나 탁월한 선택인가.

놀이판의
금수저

올 가을 뉴욕 초등학생들 사이에 체스 열풍이 불기 시작했다. 〈뉴욕타임스〉는 2018년 11월 19일자 기사를 통해 재미교포 2세 벤자민 권(6) 군을 소개했다. 신문은 권 군이 속한 체스 팀이 미국 체스 챔피언십 초등학교 1학년 부문에서 우승을 차지했다는 내용과 함께 뉴욕 시내 초등학교들이 저학년을 대상으로 체스를 정규 커리큘럼에 포함시키는 추세라고 전했다. 학교 입장에서는 야외에서 도구를 사용하는 운동보다 비용은 훨씬 적게 들고 교육면에선 큰 효과를 거둘 수 있어 체스를 선호한다는 것.

부럽다.

기사를 읽고 맨 처음 드는 생각이었다. 아직 체스가 활성화되지 못한 탓에 대한민국에서 체스를 배울 수 있는 초등학생은 흔치 않다. 같은 학교 학생들 중에 누가 체스를 배운다고 해도 친하게 지내지 않는 이상 알 수도 없다. 그런 이유로 딸아이는 이번에 처음으로 학교 대항전이라는 걸 경험했다.

체스 단체전에 출전하려면 최소한 4명 이상이 팀을 이루어야 한다. 학교에 공식 동아리가 없는 경우 팀을 짜는 것부터가 난관이 아닐 수 없다. 다행히 엄마들끼리 알음알음으로 겨우 팀(4인 1팀)을 꾸릴 수 있게 되었다.

2학년 남자아이 둘, 4학년 남자아이 하나, 5학년인 딸아이.

대회가 크든 작든 참가 경험이 있는 아이들이었지만, 2학년 남자아이 한 명은 이제 막 체스를 친구 따라 배우기 시작한 새내기였다.

대회는 5게임으로 치러졌다. 같은 학교에 다닌다는 이유만으로 아이들은 똘똘 뭉쳤다. 비록 급조된 팀이었으나 학교를 대표해서 경기를 치룬다는 책임감 내지는 자부심이 아이들에게 열정의 동기를 부여했다.

잘하려고 해도 실수는 있기 마련.

우리 팀 막내한테는 특히 쉽지가 않은 대회였으리라.

"나 때문에 우리 학교 꼴찌하면 어떡해."

경기가 막바지에 이르렀을 때였다. 막내가 얼굴이 빨개지도록 터져 나오려는 울음을 겨우 참고 말했다. 처음이라 게임이 뜻대로 풀리지 않은 거였다. 그러자 팀원들이 우르르 몰려가 아이를 감싸 안았다.

"괜찮아. 네가 없었으면 우린 여기 오지도 못했어."

체스 팀 대항전은 규정상 4인 1팀을 기본으로 한다. 그것을 아는 아이들이 막내가 팀에 존재한다는 것만으로도 고맙다는 마음을 전한 것이다.

이런 게 팀이다. 순간 뭉클했다. 아이들은 누가 말해주지 않아도 팀의 소중함을 깨우치고 있었다. 이 경기에서 우리 학교 팀은 준우승을 했다. 첫 대회치곤 대단한 성과였다. 하지만 그보다 더 빛나는 건 아이들의 태도였다.

"다음엔 더 잘할 수 있어!"

트로피를 받은 아이들이 한목소리로 외쳤다. 그리곤 막내에게 그 트로피를 안겨주며 제일 먼저 사진을 찍도록 배려했다.

내년에 꼭 다시 뭉치자는 말과 함께.

자신이 속한 공동체를 대표한다는 사실은 아이들에게 특히 중요한 의미를 갖는다. 팀의 승리를 위해, 학교의 명예를 위해, 나아가 대한민국을 대표하는 선수로서 경기에 임한다는 생각이 그들의 마음가짐이나 사소한 행동부터 다르게 만드는 걸 나는 수없이 보아왔다. 태극기를 어깨에 달고 경기에 나가는 순간, 어린 초등학생의 가슴속에 솟구치는 열정은 단순한 승부욕 그 이상이다.

아이들이 자신의 놀이를 인정받지 못하는 환경에선 결코 창의적인 인재가 나올 수 없다. 그런 면에서 일부 학부형들의 치맛바람을 경계한다는 이유로 초등학교에서조차 교내 클럽활동이 아닌 경우나 혹은 학교장 추천이 없는 교과 외 동아리활동을 꺼리는 건 안타까운 일이 아닐 수 없다.

좋은 놀이는 그 자신뿐만 아니라 주변에도 긍정적인 영향을 미친다. 나는 레고나 체스처럼 좋은 놀이가 더 많은 아이들에게 전파되기를 바란다.

누군가는 이런 생각을 할 수도 있다.

"금수저라도 물고 태어났으면 모를까, 레고든 체스든 사 주기만 하면 되지 돈 들여서 가르칠 필요까지 있을까?"

사실 레고나 체스 센터에서 만나는 아이들은 '금수저'들이다. 하지만 내가 생각하는 금수저는 부유한 집에서 태어나 온갖 물질적 풍요를 다 누리고 사는 아이들을 의미하진 않는다.

레고나 체스를 돈을 주고 가르치는 걸, 국영수 학원 보내는 것만큼이나 자연스럽게 받아들일 줄 아는 마인드를 지닌 부모님 밑에서 자란다면 그 아이가 바로 금수저다.

중요한 건 부모가 먼저 그 경계를 넘을 수 있어야 한다는 것이다. 아이에게 이 놀이가 어떤 의미인지, 성장의 지표가 어느 지점을 가리키고 있는지에 대해 확신이 없으면 레고 또는 체스를 교육의 도구로 선택할 수 없다.

그렇기에 레고와 체스를 배우는 현장에서 만나는 아이들은 남보다 일찍 풍부한 교육적 기회를 부여받은 금수저 아이들임에 틀림이 없다.

나는 다섯, 여섯 살 때부터 레고를 좋아했던 아이들이 원하는 대학에 진학하고 자신의 꿈을 향해 성큼성큼 다가가는 모습을 지켜보면서 이런 확신을 갖게 되었다.

그중에는 흔히 말하는 금수저와는 거리가 먼 가정환경에서 자란 아이들이 더 많았다. 아이에 대한 부모의 믿음, 그 경험의 가치를 알아주는 열린 교육철학이 있었기에 그 아이들 인생이 진짜 금수저가 된 것이리라.

미국 가정에서는 아이들 교육에서 스포츠를 매우 중요하게 생각한다. 아침저녁 주말 주중 상관없이 스포츠클럽에 아이를 데려가는 게 가장 중요한 스케줄이 된 엄마들은 '사커맘' 혹은 '하키맘' 등으로 불린다. 이것이 미국식 금수저 만들기라면, 나는 '레고맘'에서 방법을 찾았다.

아이가 레고맘을 부모로 만나면 좋겠지만 그렇지 못한 경우 기관교육을 통해 생애 첫 놀이경험이 자연스럽게 이루어지게 하여, 더 많은 아이들에게 교육적 기회가 돌아갔으면 하는 바람이 있었다.

어린이집이나 유치원과 연계하여 놀이교육을 실시하는 것은 그런 이유에서다.

경기도 용인에 위치한 라움어린이집은 그중 한 곳이다. 처음 이곳을 방문했을 때 원장님의 마인드가 남다르다는 걸 알 수 있었다. 시설을 돌아보곤 더욱 그런 생각이 들었다. 이곳 원장님은 아동교육에서 환경과 공간이 주는 이점을 명확히 인식하고 있었다.

통상 다른 어린이집에선 비용 때문에 선뜻 들여놓기 어려운 첨단 교구들, 자연활동과 연계한 프로그램을 활발하게 실시하고 있는 점도 인상적이었다. 일반적인 어린이집은 '보살핌'에 중점을 두고 아이들과 하루를 보내고, 보여주기 식의 프로그램을 운영하는 경우가 많은 것에 반해 이곳 원장님은 한 차원 높은 교육에 목표를 두고 있었다.

"어린이집에서 잘 지내다 가는 것도 중요하지만 이 아이들이 앞으로 더 나아갈 수 있도록 단단한 발판을 만들어주고 싶어요."

프로그램을 꼼꼼히 살펴본 뒤 원장님이 꺼낸 첫마디였다.

이런 곳이라면 더 많은 시간과 에너지를 투자해도 아깝지 않을 거라는 믿음이 생겼다. 일하면서 이런 소신과 철학을 가진 분을 만나기도 쉽지 않기에.

아이들의 놀이에는 엄청난 내면의 비밀이 숨어 있다. 그 도구가 무엇이든 아이들은 놀이 안에서 자기를 표현한다. 제멋대로 노는 것 같지만 아이들의 모든 행동에는 의도가 있기 마련이다.

양육자가 그것을 미리 간파할 수 있다면 다행이지만 이 또한 여의치 않다. 아이가 말을 안 하니 무심코 흘려 넘기다 때를 놓치는 경우가 허다하다. 아이를 24시간 곁에 두고 관찰할 여유가 없는 직장맘은 더더욱 세세한 변화를 눈치채기 어렵다. 그렇게 영유아기를 지나 초등학생만 돼도 부모-자녀 사이의 간극이 걷잡을 수 없을 만큼 멀어질 수가 있다.

나는 아무리 훌륭한 교사라도 집단교육에는 한계가 있다고 생각한다. 보통의 아이라면 별문제가 없는 상황도 심리적으로 위축되거나 욕구불만이 쌓인 경우, 혹은 급작스런 환경변화로 인한 스트레스를 감당할 능력이 없는 아이들은 부적응 행동을 보인다.

이럴 때 아이들에게 절실한 건 '의미 있는 타인과의 만남'이다. 그 아이에게 온전히 집중하며 아이와 같은 눈높이에서 '왜'라는 비밀의 열쇠를 찾아줄 특별한 상대.

플레이웰 아동·청소년 심리상담연구소는 놀이를 매개로 아이와 부모 모두에게 갈등의 해법을 찾아주기 위해 개설되었다. 특별히 압구정동이라는 강남 한복판에 연구소 간판을 내건 이유는, 비교적 놀이치료에 대한 인식이 개방적인 학부모들을 자주 접할 수 있었기 때문이다.

놀이방에서 제일 처음 집어 드는 장난감을 보면 그 아이의 심리상태를 알 수 있다. 놀이치료는 아이의 시선을 통해 그 내면을 읽고 올바른 방향으로 감정을 표현하는 방법을 알려주기 위한 것이다. 가령 마음속에 분노가 가득하지만 그것을 제대로 발산하는 법을 알지 못하는 아이는 자해를 하고 동생을 괴롭히거나 정서불안, 틱 장애 등 이상행동을 나타낼 수 있다.

이 경우 아이가 자신의 감정을 마음껏 분출할 수 있도록 적당한 놀이방법을 제공하는 것만으로도 초기에 증세를 개선할 수

있다. 정신건강의학과 치료와는 접근 방법부터가 확연히 다르
다는 얘기다. 그럼에도 부모들이 선뜻 용기를 내지 못하는 건
'치료'라는 말에 대한 부담감 때문일 것이다.

부모의 편견 혹은 선입견이 아이를 더 힘들게 하는 건 아닌지
깊이 생각해볼 때다.

한국인의 브레인스포츠
단동십훈(檀童十訓)

중학교 2학년 어느 가을날

"이런 날을 그냥 보낼 순 없지."

방과 후 담임선생님이 우리 반 친구들을 집합시켰다. 미술과목을 가르쳤던 담임선생님은 등교 때나 하교 때 렌즈가 툭 튀어나온 니콘 카메라를 분신처럼 어깨에 메고 다녔다. 교정 곳곳에 핀 꽃이나 풀, 날아가는 새, 하늘, 연못, 우리가 벤치에서 수다 떠는 장면도 종종 선생님의 카메라에 찍히곤 했다.

학교 뒷동산에, 길가에 코스모스 꽃이 흐드러지고 있었다. 우린 그저 평상시처럼 선생님 취미생활에 일조한다는 생각으로 열심히 모델이 되어 주었다. 그러고는 언제 그런 일이 있었는지도 잊은 채 시간은 흘러서 겨울방학이 되었다.

"선생님이 현주에게 주는 선물이다."

어느 날 교무실에 갔더니 선생님이 커다란 액자를 건네주었다. 안에 내 사진이 담겨 있다. 내가 생각하는 내 모습보다 훨씬 근사하게 찍힌 얼굴, 더군다나 흔한 스냅사진도 아니고 포스터 크기의 대형 독사진이었다.

"감사합니다."

고개를 꾸벅 숙이는데 왜 그리 가슴이 뭉클하던지.

선생님이 찍어준 사진이 마치 내게 말을 거는 듯했다.

'넌 참 소중하단다.'

'그리고 넌 아주 특별한 아이야!'

아마도 선생님은 다른 아이들에게도 나와 똑같은 선물을 주셨을 것이다. 하지만 그 사진이 주는 메시지, 세상에서 내가 가장 소중하고 특별하다는 느낌은 오롯이 나만을 위한 선물이었다.

지금도 플레이웰 아동·청소년심리상담연구소로 향할 때면 그때 그 선생님의 선물을 떠올리곤 한다. 여기 오는 모든 아이들에게도 자신이 얼마나 소중하고 특별한 존재인지를 알게 하는 선물 같은 공간, 선물 같은 시간을 만들어 주고 싶다고.

사실 일하는 엄마로 두 아이를 키우면서 내게도 여러 번의 위기가 있었다. 흔히 말하는 워라벨 워크─일과 삶의 균형이 중요하다는 말에는 충분히 공감했으나 아이가 태어나고 나선 균형보다 사안의 우선순위에 집중해야 될 때가 더 많았다.

문제 하나를 풀고 정리하면 또 다른 문제가 생기는 일상의 반복.

가령 큰아이를 임신한 사실을 모른 채로 센터를 오픈하고, 출산 후 겨우 일상의 리듬을 회복한다 싶을 때 둘째 아이가 생겼다. 햇수로는 2년 터울이지만 실제로는 20개월밖에 차이 나지 않아 외국에서 태어났으면 연년생이나 마찬가지로 학교에 다녀야 한다.

어린아이들에겐 그 어떤 결핍보다도 엄마의 빈자리가 큰 비중을 차지한다는 걸 알아도 어쩔 수 없이 아이들을 떼어 놓아야할 땐 죄책감이 스멀스멀 올라오기도 했다.

내가 일하지 않고, 육아에만 집중했더라면 아이들이 더 잘 크지 않았을까?

어느 땐 이것도 못하고 저것도 못하고, 내 삶의 균형이 송두리째 흔들리는 느낌이 몰아쳤다. 때로는 균형감각을 잃고 방황하며 힘든 순간들도 많았다.

–이 또한 지나가리니.

–스트레스도 지나가면 추억이다.

–불균형도 균형이다.

책에서 읽은 구절을 100번도 넘게 일기장에 쓰면서 꾸역꾸역 버틴 날도 있었다. 그러다 문득 어떤 외침이 들렸다.

일하는 엄마로서 아이들과 같이 있는 시간의 절대량을 채울 수 없다면, 나는 질적으로 그 공백을 메우리라.

어린 시절엔 엄마와 아이가 건강한 애착을 형성하는 것이 무엇보다 중요하다. 아동학을 공부한 전공자로서 나에게 맞는 실천방법을 찾아야만 했다. 이때부터 질적인 육아에 대한 공부를 본격적으로 시작했다.

애착육아 Atttachment parenting는 미국의 소아의학 전문가인 윌리엄 시어스 William Sears와 마사 시어스 Martha Sears 부부가 처음 만들어낸 말로, 아이와 부모 사이의 긍정적인 심리·정서적 유대를 중시하는 대안육아법이다.

1994년 국제애착육아협회는 초보 부모들에게 애착육아를 널리 알리기 위해 다음 8가지 원칙을 제시하였다.

1. 임신, 출산, 육아에 대해서 항상 준비하고 배워라.
2. 모유수유를 하라. 모유수유 동안에는 최대한 아이를 사랑하고 존중하라. 모유수유는 아이의 영양과 정서적인 면을 모두 충족해 줄 수 있는 최상의 선택이다.
3. 아이의 반응에 민감하게 반응하라.
4. 아이와 충분한 신체 접촉을 하라(안아주기, 업어주기, 껴안기, 몸을 서로 부딪치는 놀이 등).
5. 아이와 함께 자는 것을 쉽게 포기하지 말라.
6. 아이에게는 지속적인 사랑을 주며 양육할 사람이 반드시 필요하다.
7. 긍정적인 훈육을 해야 한다.
8. 육아는 혼자만 하는 것이 아니다.

문제없는 부모는 없다고 하지만, 세상 모든 부모도 시작은 어린아이였다. 남편도 나도 부모 노릇은 처음 해보는 것이라 사소한 것부터 같이 의논하고 모든 걸 함께했다.

모유수유는 큰아이를 출산하기 전부터 나 스스로 정한 약속이었다. 두 아이를 키우면서 유일하게 위안이 되는 것도 이 부분이다.

모유수유를 하는 그 시간만큼은 무조건 아이만 바라보고 아이에게만 집중하리라.

퇴근해서 돌아오면 옷 갈아입을 시간도 아까웠다. 처음엔 10분간, 뒤로 갈수록 점점 짧아지기도 했지만, 적어도 집 문을 열고 들어올 때 아이가 온 세상의 전부인 것처럼 온전히 집중하는 시간을 가졌다.

엄마는 현관문을 열고 나가도 반드시 돌아온다는 것을 알게 해주려고 눈썹이 휘날리도록 달려 들어가선 눈을 토끼같이 뜬 아이를 안고 뱅뱅 돌면서 외쳤다.

"엄마 왔다!!"

엄마가 돌아오면 나를 제일 먼저 보는구나.

엄마는 내가 많이 보고 싶었구나!

오버 액션이면 어떠랴. 내 아이가 그렇게 느낄 수만 있다면.

〈뽀뽀뽀〉의 뽀미 언니나 요즘 아이들이 좋아하는 유투버 헤이지니처럼 최대한 밝게 웃으면서 도레미파 솔라시도~~ 솔~~~ 톤으로 아이들 이름을 부르며 달려가곤 했다.

《오래된 미래》의 저자 헬레나 노르베리 호지Helena Norberg-Hodge, 1946~. 스웨덴의 환경운동가는 '우리가 가야 할 새로운 미래의 실마리는 삶의 지혜와 생태적 각성이 깃든 오래된 것 속에서 찾을 수 있다'고 했다.

우리 조상들의 전통 육아법인 단동십훈檀童+訓은 질적인 육아의 방법론으로도 중요한 의미를 갖지만, 브레인스포츠의 개념을 통찰하고 있다는 점에서 놀라지 않을 수 없다. 잼잼, 곤지곤지, 도리도리, 짝짜꿍, 까꿍놀이 등은 인지기능과 뇌신경 발달을 촉진하는 과학적 놀이 기능을 담당한다.

나와 남편은 일상생활에서 단동십훈의 원리를 활용해보기로 했다. 가령 모유수유하면서 아이 머리 쓰다듬기, 발가락 만지기, 아이 이름 불러주면서 '엄마는 널 사랑해!'라고 말해주기, 아이를 위해 개사한 노래를 오르골 소리에 맞춰 반복적으로 불러주기, 목욕 전 비눗방울 놀이 시켜주기, 사랑스럽게 로션 발라주기, 부엌놀이하면서 먹여주기, 좋아하는 노래에 맞춰서 마사지 해주기 등등.

딸아이와는 원더걸스 노래를 함께 부르며 미용실 놀이를 자주 했다.

"우리 딸! 반짝반짝 빛나는 눈이 여기 있고, 길쭉길쭉 예쁘게 생긴 눈썹에 코도 예쁘고! 비단결 같이 고운 머릿결이 여기 있네!"

"아이고! 우리 딸 귀도 예쁘고 눈도 예쁘고 발가락도 예쁘고

콧구멍도 예쁘다.”

쓰다듬고 간질이고, 끌어안고 뒹굴고.

아이가 까르륵 까르륵 숨넘어가게 웃는 모습을 보고 있자면 내 기분이 다 행복해지곤 했다.

“우리 애는 시크해서……. 꼭 이렇게까지 해야 되나 싶고.”

어떤 엄마들은 아이 핑계로 애정표현의 부담감을 토로하기도 한다. 아무리 내 자식이라도 자꾸 좋은 말만 하려니 닭살 돋는 다는 것이다.

아이가 문제가 아니라 자신이 그런 보살핌을 받아보지 못했기 때문에 어렵게 느껴지는 건 아닐까?

내 어머니는 4남매를 키우면서 직장생활을 하셨다. 우리 형제 들은 각자 위아래로 치여 엄마의 온전한 보살핌을 받진 못했으 나 그래도 믿는 구석이 있었다.

“엄마, 난 어디가 좋아?”

종종 애정을 확인하려는 자식들 물음에 어머니는 특유의 지혜 를 발휘하곤 했다.

“너는 최고로 좋고.”

“너는 으뜸으로 좋고.”

“너는 제일 예쁘고.”

“너는 일등으로 좋아.”

결국 그 말이 그 말이었으나, 어머니의 속 깊은 배려 덕분에 4 남매는 각자 특별한 존재라는 느낌을 갖고 자랄 수 있었다. 스스로 사랑받고 있음을 확인할 때, 아이는 자신의 존재감을 더 단단히 다진다.

남편은 우리 집 놀이대장이다. 아이들이 어렸을 땐 비행기 놀이, '김밥말이' 등 아빠가 펼쳐 놓은 놀이판에서 시간 가는 줄 몰랐다. 침대가 들썩거릴 만큼 요란한 '뒹굴이 방굴이 놀이'는 두 아이가 초등학생, 중학생이 된 지금까지도 이어지고 있다.

기숙사 생활하다가 돌아온 아들과 같은 방에서 종종 같이 잠드는 것도 나에겐 빼놓을 수 없는 기쁨이다.

잠자기 전 실컷 웃다 잠든 아이와, 칭얼거리다 잠든 아이는 아침을 맞이하는 기분부터 다를 수밖에 없다.

비록 많은 걸 함께해 주진 못할지라도 나는 매일 온몸으로 외친다.

너희는 세상에서 가장 빛나는 존재란다.

가짜놀이의 유혹에서
벗어나기

발달심리학자들의 연구결과에 의하면, 감각 운동 지각력과 통합력을 조절하고 사회 정서적 내용을 입력하는 우뇌가 생애 초기 3년간의 삶을 지배한다고 한다. 즉, 세 살 이전의 영아기에 뇌의 90%가 발달한다는 것이다.

특히 이 시기가 중요한 이유는 아이의 심리성장 단계와 관련이 있기 때문이다. 심리성장 단계는 보통 자폐기0~3개월, 공생기4~18개월, 분리개별화기19~36개월, 오이디푸스 갈등기37~60개월 등 4단계로 분류되는데, 엄마와의 밀착관계에 있던 아이는 36개월이 지나면 분리기를 맞는다.

분리개별화기를 잘못 보낸 아동의 경우는 경계성 성격장애의 가능성이 높은 것으로 알려져 있다. 대인관계와 정서가 불안정하고 충동적인 특징을 나타내며, 우울증, 양극성 장애, 반항적 성격, 게임에 대한 중독성, 외상 후 스트레스 등이 발생하기 쉽다.

더욱 심각한 문제는 분리개별화기를 잘못 보냄으로써 발생할 수 있는 정신질환은 어른이 되어도 쉽게 고치기 어렵다는 점이다. 그러므로 주 양육자의 보호와 보살핌이 절실히 요구되는 이 시기를 '마魔의 36개월'이라 표현하며 어머니의 역할을 강조한다.

둘째 아이가 태어난 뒤, 어느 신문에서 충격적인 기사를 읽었다.

아이에게 동생이 태어난 상황을 어느 날 갑자기 나만 사랑하던 남편이 첩을 데리고 온 것에 비유한 글이었다.

"이제부터 우린 함께 살 거야. 나는 너를 여전히 사랑해, 그리고 여기 이 사람도 사랑하지. 그러니 우리 함께 사랑하며 잘살아보자."

남편이 아내에게 이런 말을 한다면 어떤 기분일까?

그런데 동생을 본 아이가 겪는 심리적 스트레스는 그 16배나 된다는 기사였다. 너무 끔찍한 비유라 이제는 그것이 6배인지, 16배인지, 60배인지도 정확히 기억나지 않지만. 확실한 건 남편이 첩을 데리고 와서 같이 잘살자고 말하는 것보다 몇 배 더 큰 충격을 아이가 느낀다는 주장이었다.

큰아이는 아직 두 돌도 되지 않았다.

혹시라도 동생이 태어나면 심리적으로 위축되지는 않을까?

큰아이에게 집중하고 교감할 시간이 필요했다. 플레이웰에 '엄마와 함께하는 레고짐(LEGO Gym with mom)' 프로그램을 개설한 건 둘째를 임신했을 때부터였다. 나는 산후조리원을 나온 뒤

일주일에 한 번은 큰아이와 함께 레고짐 프로그램에 참여했다. 큰아이가 엄마를 오롯이 독차지하는 시간을 선물하기 위해서다.

나는 매사에 용감한 편이지만 아이 둘을 거의 연년생으로 키운다는 게 보통 일은 아니었다. 밥이 코로 들어가는지 입으로 들어가는지 정신없이 동동거리며 육아와 일, 그리고 대학원 공부를 병행했다.

때때로 두 아이가 커가는 걸 보면서 미안한 생각이 들었다. 다른 친구들은 아이 데리고 문화센터로 어디로 다니면서 같이 뭔가를 배우기도 한다는데 나는 좀처럼 그럴 여유가 없었다.

이러다 아이들과 공유할 추억도 없이 어린 시절을 흘려보내는 건 아닐까.

엄마가 먼저 레고와 은물恩物, 각종 유아교육용 보드게임에 심취한 까닭에 경험하게 해주고 싶은 놀이가 너무 많았다. 그리하여 연구수업이 있는 날이면 내 아이들에게 보여주고 싶은 교구를 먼저 챙겼다.

집에 돌아와 먹이고 씻기고, 이제부터 본격적으로 놀아줘야지 하고 마음먹은 찰나!

남매가 가지고 노는 장난감은 따로 있었다.

나는 내 아이들이 레고를 진심 좋아하고 즐기기를 바랐다. 손과 눈의 협응 능력을 높여주는 레고 게임, 레고로 이야기 꾸미기, 관찰력 게임, 구조와 균형감을 익히고 위에서 아래로, 왼쪽에서 오른쪽으로 기준을 세워 조립도를 보는 방법 등등. 내 아이들이 이 모든 걸 깨우칠 수 있다면 무궁무진한 기쁨을 맛볼 수 있을 텐데!

갈수록 욕심이 하늘을 찔렀다. 아이들과 레고로 놀면서 "Yellow!" "Red!" "Green!"을 외치는 나를 발견하곤 정신이 번쩍 들었다.

맙소사!

이제 막 레고를 만지기 시작한 아이들에게 영어까지 익히게 하고 싶은 것이다. 심지어 덴마크 레고 본사에서 새로운 인터내셔널 프로그램이 나오면 내가 먼저 흥분해서 아이들에게 권하고 싶은 유혹을 느꼈다.

이것이 진정 내 아이들이 필요로 하고, 원하는 놀이였을까?

레고 놀이는 아이가 뭘 어떻게 하든 정답이 없다. 아니, 모든 것이 답이다. 맞고 틀리고, 이기고 지는 승패가 있는 게임과는 거리가 멀다. 답은 지금 레고를 가지고 노는 아이 자신만이 알 수 있다.

종종 사고력을 키우는 보드게임에서도 나는 내 아이가 모르는 것이 당연하다는 사실을 간과하고 있었다. 우리 아이들보다 더 큰아이들에게 맞는 교구를 앞에 놓아주고, 이름뿐인 놀이의 가면을 쓰고 학습을 강요하고 있는 나를 발견했다.

아이들은 그냥 놀게 해줘야 한다. 부모가 놀이를 대신해줄 순 없다. 아이가 원한다면 함께 놀면 되는 거다. 그런데 나는 노는 척 가장하여 내 아이들에게 지식을 전달하고 있었을 뿐이다. 이제라도 멈추고 기다려야 될 때였다.

세상에는 영아의 두뇌발달을 도와주는 엄청나게 좋은 교육프로그램들이 있다. 뇌파를 이용한 교구들, 앱과 모바일 외 각종 스마트기기를 활용한 영유아 교육 콘텐츠가 쏟아지고 있다.

십여 년 전 엄마들이 손꼽아 기다리는 교육 프로그램으로는 아가월드, 프뢰벨, 짐보리 등이 있었다. 영유아의 오감을 자극하여 다중지능을 개발시켜준다는 프로그램들이다. 이 가운데 어떤 교육, 교구가 특별히 좋은 것이라고는 할 수 없다. 교구의 특성이 제각기 다르고 그에 따른 장단점이 존재한다.

덴마크 레고 본사에서 출시한 국제표준 레고 수학 프로그램을 예로 들어보자. 나는 아이들을 데리고 이 프로그램을 진행해본 결과, 한국의 유아교육 현실에선 효율성이 떨어진다는 결론을 얻었다.

수와 양을 깨치고, 공간을 예상하여 길이와 높이 측정을 하기에는 정확한 가로세로의 비율을 가지고 있는 레고를 이용하는 것이 효과적이다. 다만, 이미 보드게임 교구로 시중에 잘 나와 있는 사고력 게임을 구태여 '레고로 만든 보드게임'이라는 타이틀로 운영하는 식의 프로그램은 별 의미가 없다는 생각이다.

내가 다 알 수는 없지만, 레고 외에도 독일, 이스라엘, 미국 등지에서 훌륭한 평가를 받고 있는 교구들은 많다. 가령 오르다, 하바, 가베, 라벤스브루거, 뫼비우스, 니키틴, 러닝리소스 같은 교구들이다.

이런 교구들을 가지고 아이들 발달에 적합하게 수학적, 물리적 개념들을 재미있게 가르칠 순 없을까?

나름 연구하고 고민한 결과 다양한 교구를 활용한 TLT Thinking and Logic 프로그램을 개발할 수 있었다. 나는 이것이 좋은 것만 주고 싶은 엄마의 마음으로 욕심껏 만들어낸 프로그램이라 자부한다.

TLT 프로그램을 진행할 땐 센터에 온 아이들도 신나게 놀면서 공부했다. 나는 구조가 필요할 영역에서는 구조를 잡을 수 있을 때까지, 수업의 주제는 반복될지라도 아이들의 흥미와 관심이 유지될 수 있도록 매번 교구를 바꾸어서 다른 방법으로 수업했다.

이 아이가 어떤 단계인지, 어느 부분이 이해가 안 가는지, 충분히 알아갈 때까지 다각적인 대화를 나눴다. 수업을 마친 뒤에는 학부형 상대로 브리핑을 하는 시간을 가졌다. 오늘 진행한 교육에서 아이가 뭘 배웠고, 아이의 발달단계는 어느 수준인지, 왜 이것은 반복하고 이것은 새롭게 교구를 바꿔서 도전하는지, 수업시간에 내가 파악하게 된 아이의 행동과 심리 등에 대해 자주 이야기를 나누었다. 아이와 부모, 교육의 삼박자가 맞아떨어질 때 학습 효과가 배가되는 건 자연스런 현상이다. 덕분에 센터에 오는 아이들과 부모님, 나 또한 재미있게 놀며 배우며 함께 성장할 수 있었던 것 같다.

엄마가 즐거워야 아이도 즐겁다. 그렇게 넘치는 에너지를 온통 내 아이들에게만 쏟았더라면 극성엄마도 그런 극성엄마가 없었으리라.

퇴근하고 집에 돌아와 남매와 함께 레고를 하는 건 다른 아이들에게 쏟는 열정을 내 자식들에게도 베풀고 싶다는 모성애적 의무감에 불과했다.

과연 그게 내 아이들에게도 즐거운 놀이였을까?

진짜 놀이는 아이의 자율성, 주도성에서 시작하여 재미와 즐거움을 선사해야만 한다. 엄마의 지시와 빈번한 권유, 확인과 평가까지 이루어지는 놀이는 가짜놀이일 뿐이다.

나는 일하고 지쳐 돌아와 짧은 시간 알려주고 싶은 게 너무 많아서 아이들 스스로 충분히 탐색할 기회를 주지 않았다. 재미를 찾을 때까지 기다리기보다 장점만을 주입시키려 했다.

이런 놀이를 도대체 나는 왜 하는가?

그것은 아이도 나도 원하는 놀이가 아니었으리라.

그날로 내가 주고자 하는 목표가 있는 가짜 놀이는 딱 끊었다.

엄마의 '기다림'을
선물하기

엄마들은 묻는다.

"레고 원장님은 집에서 아이랑 레고를 가지고 얼마나 잘 놀아 주시겠어요."

"원장님네 아이들은 좋겠어요. 엄마가 좋은 게임도 잘 아시고 교구도 많이 아시니까, 아이들도 영재로 크겠죠?"

나도 그랬으면 좋겠다. 그런 욕심을 부린 적이 없다고 하면 거짓말이다. 그러나 내가 집에서 아이들과 하는 놀이는 진짜 놀이가 아니라는 생각이 든 순간부터 백팔십도 방향을 틀었다.

가짜 놀이를 하지 않는 대신 가까운 곳에 레고를 비치해두고, 예쁜 그림이 있는 보드게임판을 아이가 잘 노는 공간의 여백에 놓아주었다.

유럽 교구들은 유난히도 예쁜 그림이 참 많다. 기억력과 수數

세기, 전략적 사고를 위한 보드게임판들은 그저 아이 눈에 자주 띄기만 해도 된다고 생각했다. 그림을 보고 뭔가를 관찰하고 싶을 때가 되면 아이가 스스로 다가갈 수 있을 테니까.

레고로 잘 노는 것과 레고를 잘 만드는 것은 다르다. 나는 레고로 잘 논다. 그런데 레고를 잘 만들지는 못한다. 어릴 적에 레고로 뭘 만들거나 조립하면서 놀아보질 않았기 때문일 것이다.

아이들을 가르치다보니 차라리 잘되었다는 생각이 든다. 뭔가를 만들려면 나는 많은 시간을 들여 준비하고 연습해야만 한다.

아이들에게 중요한 것은 조립이 아니라 그 과정이지만, 모방은 창조의 어머니라고 했던가? 그 과정을 해낼 수 있도록 흉내 낼 수 있는 예시모형의 모델링은 중요하다. 참신한 모델링을 위해서 도르래의 원리가 들어가거나, 기어의 원리를 이용해서 뭔가 빙글빙글 돌아가는 신기한 것들을 만들어야 하는 주제들을 앞에 두고 그것이 실제로 작동하게 하려면, 엄청나게 부쉈다가 다시 만들기를 반복한다.

혹은 다른 부품을 이용해서도 작동이 되는지 새로운 도전 결과를 보여주기 위해 머리를 싸매기도 한다. 전혀 레고적(?)이지 않은 문과 출신 원장이 수학과 과학의 원리를 기본으로 하는 레고 완성품을 만들자니 여간 고역이 아니다. 기본적인 기계 사용법부터 모터를 이용한 수동전동 기계 작동법까지 치열한 준비를 해야 되기 때문이다.

아직도 잊어지지 않는 것은 일곱 살 아이들을 대상으로 듀플로 사이즈의 레고로 지렛대의 원리를 이용한 수업을 할 때 일이다. 그날의 과제는 오락실에서 예전에 흔히 볼 수 있던 고슴도치를 만드는 것이었다. 고슴도치 머리가 뽕 하고 올라오면 망치로 뽕뽕 때려서 구멍으로 들여보내는 장치 말이다.

그땐 어찌어찌 비슷하게 만들긴 했는데 기술이 부족했던 관계로 고슴도치 머리가 올라오지 않는 것이었다. 내 머리로는 이해가 되는데 손이 따라와 주지 않는 것.

레고로 뭐든지 원하는 것을 만들 수 있다고 가르쳤건만, 힘의 원리를 이용하여 뭔가를 움직이게 하는 기계를 만들려는 아이들 보기가 무색해지는 순간이었다. 그렇다고 "자, 상상해보자! 이 기계는 이렇게 돌아갈 거야!" 움직이지도 않는 고슴도치 머리가 튀어나왔다 치자고 말할 순 없는 노릇.

이날의 당혹스러웠던 수업은 지식보다 경험이 얼마나 중요한지를 다시 한 번 깨닫게 해주었다.

아이들에게 가장 효과적인 학습은 질문을 통해 배우게 만드는 것이다.

"이것과 똑같이 만들어보렴."

"그건 이렇게 하는 거야."

"순서대로 해야지, 잘 보고 기억해."

부모나 교사가 이런 식으로 개입하면 아이는 수동적이 될 수밖에 없다. 계획을 짜든 방법을 찾든 자신의 의지가 반영되어야 진짜 실력이 된다.

"이 방법이 맞았어!"

"잘했어!"

이런 격려의 말도 결과적으로 아이의 창의성을 가로막는 요인이 된다. 그보다 강한 동기부여가 되는 건 "오! 뭔가를 만들고 있구나. 지금 네가 만들려는 게 어떤 건지 말해줄래?" 너무 앞서가지 말고 한 발 떨어진 위치에서 질문을 통해 아이의 주도적인 의지를 부추기는 것이다.

아이는 만들기를 멈추고 계속 레고를 뒤적거릴 때도 있다. 이때 부모나 교사가 아이의 작업을 돕기 위해 건넬 수 있는 질문은 매우 제한적이다.

"딱 맞는 브릭을 찾고 있구나?"

"뭘 찾고 있을까?"

"너는 어느 부분이 가장 마음에 들어?"

"사진 찍어 줄까?"

"네가 가장 중요하게 생각하는 부분을 알려줘."

아이들은 자신의 놀이가 대화의 중심이 된다는 느낌을 좋아한다. 뭔가를 적극적으로 설명하려고 든다면 아이는 스스로 즐길 준비가 되어 있는 것이다.

아직 즐길 단계에 있지 않은 아이들에겐 아무리 좋은 놀이도 '선물'이 될 수 없다.

우리 집 남매가 다른 집 아이들은 그렇게 좋아하는 레고나 체스에 흥미를 갖지 못한 가장 큰 이유는 별다른 성취감을 못 느끼기 때문이었다.

두 아이 모두 학령기에 접어들면서 나는 점점 바빠졌다. 아이들에게 엄마와 함께하는 놀이라는 특별한 선물을 주는 '레고 짐' 프로그램이 활성화될 무렵이었다.

둘 다 센터에서 늘상 엄마를 만났다. 아이들의 스케줄은 엄마의 업무일정에 맞춰져 있었다. 하지만 내 아이들의 흥미와 발달을 고려해서 세심하게 살펴주기에는 엄마가 너무 바빴다.

남매는 엄마를 기다리면서 때로는 자신보다 훨씬 발달이 느린 아이들과 함께 놀이를 했다. 때로는 엄마의 대회 출장 일정에 맞춰 아직 배우지도 않은 교구를 미리 가지고 놀게 한 적도 있다. 단계에 맞지 않는 교육적 노출로 인해 흥미를 잃어버리게 되는 경우도 빈번했다.

이제 겨우 레고의 원리를 배우기 시작한 큰아이가 최고 단계의 레고 마인드스톰 대회를 준비하는 형, 누나들 틈에서 남는 브릭으로 이것저것 조립하면서 엄마 일이 다 끝날 때까지 그저 기다려야 할 때도 많았다.

아이 입장에서 그건 놀이라고 할 수 없는 고충이었으리라.

체스도 상황은 별반 다르지 않았다. 아직 우리나라에 체스 클럽 문화가 정착되지 않은 터라 같이 게임을 즐길만한 경험의 장이 없었다. 꾸준히 지속할 수 있는 체스 장은 K-리그라고 불리는 Korea Chess League뿐이었다. 축구에서 말하는 프로축구 K리그 같은 개념이다.

글로벌 스탠더드 세계체스연맹 공식 규칙에 맞춰 제대로 아이들을 가르치고 싶었던 나는 체스 국가대표 선수 경험이 있는 선생님, 체스로 글로벌 무대를 함께 경험할 수 있는 선생님들을 수소문했다.

지금은 규모나 참가자 수가 확대되고 다양해져 아이들도 3부, 4부에서 구단의 선수로 활동하고 있지만, 당시 K리그에서 우리 아이들은 어마어마한 실력 차이에도 불구하고 국가대표급 체스 선수 혹은 체스 코치 선생님들과 대결을 할 수밖에 없었다.

체스로 국제대회를 나가려면 FIDE세계체스연맹 선수로 등록하고 규정된 스탠더드 게임을 운영할 수 있어야 하는데, K-리그만이 스탠더드 리그로 운영되기 때문이다. 상대가 상대이니만큼 아이들이 대회에 나가 좋은 실적을 거두지 못하는 건 당연한 일이었으나 엄마들은 기다려주지 못했다.

체스를 배워서 어디다 쓰냐는 것이다. 결국 초창기 아이들은 대부분 하루에 5시간씩 수업을 하는 수학학원으로 옮겨갔다.

우리 집 아이들의 체스 게임 상대는 국제 체스올림피아드 여성 팀 감독을 역임한 여성 체스계의 간판스타 유가람 선수, 김도윤 선수, 체스가 국가 스포츠인 러시아 출신 선수 등 쟁쟁한

이력의 소유자들이었다. 가급적 실력이 비슷한 또래 아이들과 게임을 즐기게 해주고 싶어도 달리 방법이 없었다.

남매는 매사에 호기심이 많은 편이지만 그것이 발현되는 포인트가 달랐다. 아들이 '이기는 법'을 탐구할 때 딸아이는 왜 굳이 이겨야 하는지 물었다. 체스는 그저 게임일 뿐이라고 생각하는 딸아이 입장에선 매번 여러 가지 경우의 수를 생각하고 결정을 내려야 한다는 것에 대한 부담감이 컸던 모양이다.

큰아이는 뭐든지 잘하고 싶어 한다. 그만큼 실패에 대한 두려움도 컸을 것이다. 나는 이 아이의 선택이 실패했을 때 그 실패에 대한 책임을 지는 법을 깨우칠 수 있게 하기 위해 체스를 배우게 했다.

어릴 때 딸아이는 감정의 기복이 컸다. 때론 지나칠 만큼 주관이 뚜렷해서 모녀간에 감정이 부딪히는 경우도 많았다. 나 역시 이성보다는 감정이 앞서는 사람이기에 심신이 지치고 힘들 땐 감당하기 벅찬 면이 있었다.

체스는 철저하게 논리적인 게임이다. 주사위의 운이나 좋은 카드를 임의로 받는 다른 보드게임과 달리, 단 0.1%의 운도 작용하지 않는 매우 잔인한 게임이다. 오로지 본인의 선택으로 승패가 결정된다. 자연 스트레스도 클 수밖에.

재미있게 체스를 하다가도 제 감정에 못 이겨 폭발하곤 했다.

"하기도 싫은 체스를 내가 왜 해야 돼? 엄마 때문에 힘들어."

게임에 진 스트레스를 어쩌지 못해 분통을 터뜨리던 아이가 처음 K리그에서 연승을 거두고는 얼마나 기뻤던지 폴짝폴짝 뛰었다.

"엄마, 내가 어른을 이겼어!"

K리그는 일반인도 참여가 가능하다. 딸아이가 감동한 건 큰 대회에 나가 레이팅을 취득한 것 때문이 아니었다. 그보다는 항상 지기만 하다 어른들과 겨뤄도 이길 수 있다는 자부심이 아이를 춤추게 만들었을 것이다.

누군가는 말했다.

─당신은 아이의 내일을 걱정하지만, 오늘 그 아이가 누군지는 모르고 있다.

이 작은 성공이 훗날 어떤 의미가 될지는 알 수 없지만 나는 기다릴 것이다.

아이가 진짜로 좋아하는 놀이가 생길 때까지.

어쩌면 그것이 내가 딸에게 줄 수 있는 가장 큰 선물일지도 모른다.

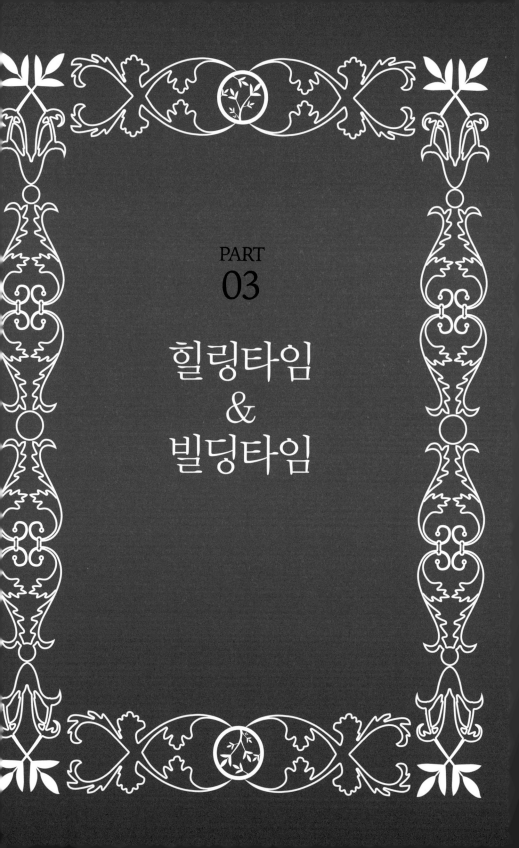

PART
03

힐링타임
&
빌딩타임

글로벌 네트워킹을
위한 놀이

국제적인 레고 경연장은 크게 FLLFIRST LEGO League, WROWorld Robot Olympiad, 로보컵Robo Cup 대회로 나뉜다.

일명 '인재 올림픽'으로 불리는 FLL은 매년 전 세계 60개국 약 20여 만 명의 청소년들이 참여하는 세계 최대 규모의 로봇 축제라 할 수 있다. 참가자들은 5~10인이 한 팀을 이뤄 하나의 주제에 대한 혁신적인 해결책을 모색하고, 그에 따른 로봇 미션을 수행하게 된다.

FLL의 주제 선정 방식은 까다롭기로 정평이 나 있다. 해마다 하버드연구소, MIT 미디어랩, 스탠포드대학연구소 소속 세계 유수의 석학들이 생명, 환경, 자연재해 등 인류가 풀어야 할 과제를 놓고 열띤 토론을 벌인다. 10년 혹은 20년 뒤의 가까운 미래에 닥칠 공동체의 문제를 청소년들이 함께 고민해보고 로봇으로 해결책을 찾아보게 하는 게 주제 선정의 화두가 된다.

가령 2000년도 FLL 주제는 'Volcanic Panic.'

화산 폭발에 인한 인류의 혼란을 극복할 방안을 강구하는 것이었다.

2009년은 나의 첫 국제대회였다. 초등학생들로 구성된 우리 팀은 '처음 출전'이라는 이름으로 FLL 대회 진출권 획득을 위한 국내대회에 참가하여 중·고등학생 형들을 당당하게 물리치고 그랜드챔피언십을 수상했다.

그때의 기쁨은 이루 말할 수가 없었다. 몇몇 신문에서도 어린 학생들이 이룩한 놀라운 성과를 높이 평가했다. 우리는 팀 명칭을 '로보 패션'으로 바꾸고 출국 날짜만 기다렸다.

행선지는 터키 이스탄불.

공교롭게도 그 무렵 아일랜드 화산 폭발로 화산재가 퍼지면서 영국, 프랑스 등 유럽의 항공기 운항이 전면 금지되었다. 유럽과 북미 대륙, 그리고 아시아를 잇는 항공편은 모조리 발이 묶였다.

9년 전 FLL에서 다룬 주제가 현실이 된 것. 이는 FLL이 인류의 생존과 밀접한 과제를 다루고 있음을 보여주는 사례이기도 하다.

"텔레비전에서 화산 폭발하는 뉴스 봤지? 그것 때문에 대회가 연기됐나 봐."

"우리하곤 아무 상관도 없을 줄 알았는데."

아이들은 지구 반대편에서 일어난 일이 어떤 식으로든 자신들과도 연결되어 있다는 사실을 신기하게 받아들였다. 그러면서 서서히 국제정세에 눈을 떠가는 중이었다.

글로벌이 별건가. 마음속에 세계지도가 그려지는 순간이 바로 아이들에겐 글로벌 세계관을 갖게 되는 시점이다.

"놀쌤! 여기까지 와서 상을 하나도 못 타고 가면 어쩌죠?"

비행기를 타기 전만 해도 기대감에 들떠 있던 아이들은 이스탄불공항에 내리자 아무래도 주눅이 드는 모양이었다.

"우린 상 받으러 여기 온 게 아냐. 신나게 즐기러 온 거야."

나는 아이들의 긴장감을 풀어주기 위해 FLL의 7가지 코어 밸류Core value, 핵심가치를 상기시켰다.

하나, 우리는 팀이다.

하나, 우리는 코치와 멘토의 지도를 받으며 창의적인 해결책을 찾기 위해 노력한다.

하나, 우리는 선의의 경쟁을 존중한다.

하나, 우리는 이기는 것보다 과정에서의 발견을 더 중요시 여긴다.

하나, 우리는 다른 사람들과 우리의 경험을 공유한다.

하나, 우리는 항상 '아름답고 소중한 프로정신'을 실천한다.

하나, 우리는 즐긴다.

이 중 나와 아이들이 제일 좋아하는 구호를 다 함께 외쳤다.

"우리는 팀이다!"

"우리는 즐긴다!"

FLL의 핵심가치가 말해주듯 이 대회는 일등만 보상받는 대회가 아니다. 청소년들이 열정적으로 주어진 과제에 도전하고, 그 배움을 타인과 공유하는 것이 이 대회의 진정한 목적이다.

구호가 힘을 발한 걸까. 아이들은 다시 활기를 되찾고 씩씩하게 대회장으로 입성하여 부스를 차렸다.

아이들에겐 온 세상이 놀이터다. 언어는 다만 거들 뿐. 레고 대회에서 만났다는 사실만으로도 그들은 금세 친구가 되었다. 호기심을 가지고 다가온 외국 친구들에게 서툴지만 하나라도 더 설명해주려 애쓰는 우리 아이들 모습이 그렇게 대견할 수가 없었다.

우리 팀은 이 대회에서 베스트 코치상과 멘토상을 수상했다.

"FLL 와서 뭐가 제일 좋았니?"

대회가 끝난 뒤 아이들에게 물었다.

"친구 많이 사귄 거요!"

"빙고!"

며칠 사이에 마음의 키 높이가 훌쩍 자란 아이들. 더 이상 뭘 바랄까.

문득 괴테의 말이 떠올랐다.

— 고쳐주면 많은 것이 이뤄진다. 그러나 북돋우면 그 이상을

이룰 수 있다.

이번에 아이들은 수상보다 더 값진 걸 얻었다. 그건 다름 아닌 자신감이다.

"쌤! 다음에 또 오면 진짜 잘할 수 있을 거 같아요."

눈빛을 반짝이며 승부욕을 불태우는 아이들에게 나는 이렇게 말했다.

"아니? 너희가 다음에 또 왔을 때 진짜 살하는 것보다 중요한 건, 진짜 잘 노는 거야!"

진심으로 나는 우리 아이들이 어디서나 함께, 즐겁게, 열심히 놀기를 바란다. 그리하여 온 세상을 향해 쭉쭉 뻗어나갈 수 있기를.

놀 거리가 풍부한 아이들은 어딜 가나 중심이 된다. 대회를 마친 뒤에는 본격적인 놀이판이 벌어졌다. 우리는 Freindship Night 우정의밤 행사에서 K-POP을 소개하기로 했다.

원더걸스의 〈노바디〉가 한창 인기를 끌 때였다. 대회장 부스에서도 한국말로 이 노래를 신나게 부르며 댄스를 선보여 많은 외국인들의 시선을 끌었던 곡이다.

한국말을 못 알아들어도 후렴 부분에 "Nobody Nobody But You!!" 반복되는 멜로디가 나오면 중동의 아랍에미리트에서 온 친구들부터 페루, 앙골라, 아프리카 친구들까지 따라 부르며 함께 춤을 추었다. 그렇게 우리 아이들은 지구촌 곳곳에서 온 아이들에게 한국의 문화를 전파하고 있었다.

방탄소년단이 온 세계를 출렁이게 만드는 요즘 한류는 부정할 수 없는 대세가 되었다. 그런데 지금으로부터 10년 전에 이미 우리 K.F.C.가 그 열풍의 씨앗을 뿌렸다고 하면 지나친 자부심일까?

－놀려면 시간이 있어야 하고, 놀 터가 있어야 하고, 놀 동무가 있어야 한다.

나는《놀이밥 삼촌》의 저자 편해문 선생님의 말씀에 전적으로 동의한다. 아이들이 대회를 나가면 그곳이 세계 어디든 일단 놀 시간과 놀 동무, 놀이터는 확보된 것이다. 영어를 못하는 경우 처음엔 소통에 다소 제한이 있을 순 있지만, 놀이가 있는 이상 언어의 장벽 따위는 금세 허물어지게 돼 있다.

놀이가 언어인 우리 아이들은 손짓 발짓으로 자신이 하고 싶은 이야기를 한다. 알려주고 싶은 놀이가 있을 때 아이들 각자는 그 놀이 안에서 주인이 된다.

놀이는 혼자 할 수 없기 때문에 상호작용을 이끌어내는 힘이 있다. 노래방에 가서 혼자 분위기 잡고 마이크를 독점하는 사람을 진짜 잘 노는 사람이라고 하진 않는다. 그보다 타인과 함께 할 수 있는 공간과 시간을 흔쾌히 내놓을 수 있는 사람, 딱히 뭐라고 명명할 순 없어도 유쾌하고 따뜻한 교감의 실마리를 제공할 때 사람들은 그를 '제대로 놀 줄 아는 사람'으로 기억한다.

놀이는 세상에 없는 창조의 시공간으로 아이들을 초대한다. K.F.C. 일명 '한국의 잘 노는 아이들'은 대회 막간을 이용해서 할 수 있는 여러 가지 놀이를 준비해 갔다. 세계 각국에서 온 친구들에게 한글로 이름을 새긴 배지를 선물하기도 했다.

외국 아이들은 공기놀이, 제기차기, 실뜨기 등 우리의 전통놀이에 상당한 관심을 나타냈다. 그중에서도 가장 인기를 끌었던 건 '푸른하늘 은하수' 놀이였다. 터키 아이들이 노래를 다 외워 와서 우리 아이들과 손바닥을 딱딱 마주쳐가며 함께 노는 장면을 보곤 뭐라 설명할 수 없는 희열이 느껴졌다. 이렇게 아이들은 친구가 된다.

여러 국제대회를 거치면서 나와 우리 팀 아이들은 너무나 특

한국의 공기 놀이를 함께 즐기러 온 외국 친구들

별하고도 소중한 만남의 기회를 얻었다. 그중엔 세계적인 로봇 공학자 데니스 홍, 한재권 박사님을 비롯하여 체스 그랜드 마스터 매그너스 칼슨 등 레고나 체스가 아니었으면 만나기 어려웠을 유명인사들도 포함되어 있다.

스물세 살에 체스 챔피언에 오른 매그너스 칼슨은 세계 최고의 레이팅 보유자로 체스계의 아이돌로 불린다.

페이스북 창시자인 마크 주커버그의 체스 스승이기도 한 그가 빌 게이츠와의 속기 체스 대국을 80초 만에 끝낸 일화는 너무나 유명하다.

"사람들은 당신이 백년에 한 명 나올까 말까 한 천재라고 합니다. 그런 당신이 지적 능력에 한계를 느낄 땐 언제입니까?"

기자의 물음에 빌 게이츠는 이렇게 말했다.

"매그너스 칼슨과 체스를 둘 때였습니다."

우리는 이렇게 대단한 사람을 네덜란드 타타스틸체스오픈에서 만났다.

"화장실 앞에서 저 아저씨가 문을 열어줬어요."

아이들이 한 남자를 가리켰다. 화장실 문까지 열어주며 친절을 베푼 상대가 누군가 했더니 입이 떡 벌어졌다.

세상에!

그가 바로 체스 챔피언 매그너스 칼슨이었다.

아이들은 이런 만남이 거듭되면서 자신이 꿈꾸는 미래가 생각보다 가까이 있다는 사실을 자연스럽게 받아들인다. 일반인들은 텔레비전이나 책으로만 접할 수 있는 분들과 이야기를 나누고 게임을 즐길 수 있다는 건 행운 중의 행운이 아닐 수 없다.

과연 자신이 좋아하는 분야의 최고로 꼽히는 인물들과 교류할 수 있는 초등학생이 얼마나 될까?

그것은 레고라서, 체스라서 가능한 일이다.

인맥을 중시하는 건 어딜 가나 비슷한 모양이다. 외국 친구들을 만나면 흔히 듣는 이야기가 있다. 하버드, 옥스퍼드 동문보다 더 기억에 남는 친구는 체스 올림피아드, 로보컵 동문이라는 것.

학창시절 추억은 평생 간다고 한다. 구글이나 IBM 같은 글로벌 기업 면접관들이라고 다르지 않을 것이다. 취미와 열정을 공유했던 추억이 학연이나 지연보다 더 큰 영향력을 미칠 수가 있다.

결과중심 사고에 머물러 있는 한 혁신은 불가능하다. 우리 아이들이 글로벌 세상 속으로 성큼 한 발 들어가게 하려면 먼저 엄마들이 수상 강박증으로부터 벗어나야만 한다.

기껏 돈 들여서 외국에 나갔으면 상이라도 받아와야 본전을 뽑는다는 생각으로는 결단코 아이를 성장시킬 수 없다.

어제보다 오늘
어떤 점이 더 나아졌니?

아이들이 경험할 수 있는 대회가 점점 많아지고 있다. 갑작스런 코딩교육 열풍으로 올해 생긴 대회만 해도 일일이 헤아리기 어려울 정도다.

대회 참여를 결정하기 전 나의 선택 기준은 두 가지다.

글로벌스탠더드인가?

전 세계의 아이들과 교류하며 함께 놀 수 있는가?

초창기 로봇대회는 지역예선 없이 전국본선대회로 직행하는 경우가 대부분이었다. 지금은 참가자의 질적인 성장을 위해서나, 큰 목표를 위해 작은 목표를 쪼개어 집중하고 몰입해보는 경험의 장을 많이 만들어준다는 취지에서 지역대회 활성화를 장려하고 있다. 이 글을 쓰는 오늘도 FLL 성남용인 지역 대회가 분당 서현고등학교에서 열렸다.

큰 대회 건 작은 대회 건 팀을 이끌고 나가는 센터 입장에선 승리의 깃발 아래 챔피언의 석좌를 지키고 싶은 것이 당연지사다. 팀의 승률을 높이려면 늘 나오던 선수 위주로 이길 수 있는 팀을 구성할 수밖에 없을 테고.

자연 FLL 혹은 WRO나 로보컵처럼 굵직굵직한 대회는 로봇 경험이 많을수록 유리하다. 이긴 아이들이 또 이기게 되는 구조다. 단, 그렇게 되기까지는 많은 경험과 시간이 필요하다. 지역 대회 활성화가 중요한 것은 이런 이유에서다.

잘하는 아이뿐만 아니라 못하는 아이들도 함께 즐길 수 있는 작은 대회 경험이 쌓이고 쌓여서 결국은 큰물로 나아갈 발판이 된다. 그러자면 상을 받았건 못 받았건 아이들이 스스로 자신의 팀 목표를 완수할 수 있는 기회가 많이 주어져야 한다.

중요한 것은 다른 팀이 얼마나 높은 점수를 받았는가가 아니다. 내가 이제까지 했던 연습경기의 최대치를 달성했고, 나의 최선으로 나의 최고를 이루었느냐가 역량의 바로미터가 된다.

그 목표는 팀 코치가 정해주는 것이 아니다. 1등부터 꼴찌까지 스스로 목표점수를 만들고, 그것을 위해 최선을 다했을 때 아이들은 한 뼘 더 내면의 성장을 이룬다.

나는 우리 아이들에게 다른 팀보다 잘했는가를 비교하기 전에 어제의 우리 팀보다 오늘의 우리 팀이 더 나아졌는가를 생각하도록 가르쳤다.

"그러기 위해서 나는 어제보다 오늘 무엇이 더 나아졌는가?"

그것을 볼 수 있는 힘은 자신에 대한 진지한 성찰에서 비롯된다. 그리고 이것이 진짜 대회를 나가는 이유이다.

처음 대회에 나온 아이들은 어쩔 수 없이 산만한 모습을 보인다.

"쌤! 게임해도 돼요?"

(옆 친구를 가리키며)

"얘가 몰래 게임해요."

대회장 구석에서 물병 던지기나 병뚜껑 축구를 하는 아이도 있다. 좁은 실내 안에서 하루 종일 꼼짝 않고 앉아 있으려니 좀이 쑤실 만도 하다. 할 일이 없다고 여기저기 기웃대거나 간식을 옆에 두고도 배고프다는 아이, 이래저래 핑계가 많은 건 게임을 하고 싶어서다. 심지어 자신이 선수인 경우에도 똑같은 소리 한다.

내가 초보 코치일 땐 자동적으로 "안 돼! 대회 나와서 무슨 게임이야?"라는 말이 먼저 나왔다. 아이들이 게임을 하건 안 하건 자신이 직접 선택할 수 있도록 하는 것이 매우 중요하다는 것을 알게 된 지금은 이렇게 말한다.

"음……. 게임이 하고 싶구나. 네가 지금 이 순간 게임을 하는 것이 너희 팀이 더 좋은 결과를 얻는데 도움이 된다면 게임을 하고 올 수 있지. 다만 우리 K.F.C.는 경기장 내에서는 게임을 하지 않는 것이 규칙이니까 잠깐 나가서 하고 와도 괜찮아."

혹은

"네가 게임을 하는 것이 팀에 도움이 되니?"

우회적인 질문으로 아이가 결정할 수 있도록 생각할 시간을 준다. 대부분의 아이들은 이렇게 이야기하면 대회장을 나갔다 돌아와 게임을 하지 않는 것을 선택한다. 그리고 난 다음에야 팀을 위해 내가 할 일이 무엇일까를 선택한다. 자기 안에서 끓어 넘치는 욕구를 깨끗이 포기하고 나면 주변을 관찰할 여유가 생기는 법이다.

늘 해야 할 일과 하지 말아야 할 일 사이에서 방황하는 아이들은 틈만 나면 스마트폰이나 컴퓨터게임을 하고 싶어 한다. 비록 아주 작은 틈새에 불과하지만 게임 안에서는 자신만의 왕국을 만들 수 있다. 자투리 시간이라도 투자한 만큼 점수를 올릴 수 있고, 금방 레벨이 올라가기 때문이다. 원하는 대로 선택하고 결정할 수 있는 권리에 목마른 아이들의 소리 없는 아우성이다.

엄마들은 말한다.

"우리 애는 공부하기를 싫어해요."

"공부 빼고 다 잘하죠."

"도무지 책상 앞에 붙어 있지를 못 하네요."

아이들을 자세히 관찰해보면 엄마들이 오해하고 있는 걸 알 수 있다. 공부를 하기 싫어하는 것이 아니라, 공부를 잘하고 싶어도 어떻게 해야 되는지 모르는 아이들이 더 많다.

시간을 많이 들여서 한다고 했는데 엄마아빠의 기대만큼 나오지 않아서 실망할까 봐 두렵다. 이런 상황이 반복되면 아이 나름의 머리를 쓰게 된다. 공부를 많이 하고 못하는 것보다 아예 공부를 안 하는 방법을 택하는 것.

여기에는 '잘할 수도 있는데 공부를 안 한다'는 쪽으로 엄마아빠의 관점을 돌려놓음으로써 자신에 대한 기대를 끝내 버리게 하고 싶지 않은 심리가 깔려 있다.

아이들은 누구보다도 공부 잘하는 아들, 자랑스러운 딸, 엄마아빠 마음에 쏙 드는 아이가 되고 싶어 한다.

"아니에요. 우리 애는 변했어요. 도통 공부에는 관심이 없고 게임만 하겠다고 하니 어쩌면 좋아요?"

답답함을 호소하는 엄마들에게 나는 이렇게 조언한다.

"간혹 전문가의 도움이 필요한 경우가 있기도 하지만 어머니, 우선 저 하고 싶은 대로 하게 두세요. 대부분 아이들은 계속 게임만 할 것 같지만 금방 제자리로 돌아옵니다."

부모가 자신에게 원하는 모습이 어떤 것인지는 아이들도 잘 알고 있다. 그렇게 잠깐의 방황을 끝내고 돌아온 아이에겐 자신이 할 수 있는 최상의 결정을 내린 그 순간이 의미 있는 하나의 점Dot으로 남을 것이다.

사소한 일탈은 적당히 눈감아주는 지혜가 필요하다. 때때로 부모의 관용이 아이의 퇴행을 멈추게 한다. 선택의 허용 범위가 관대할수록 아이는 스스로 더 잘 큰다.

아이들은
무엇으로 배우나

2011 Korea Robot Championship FLL 대회 주제는 '바디포 워드 Body Forward, 몸을 넘어서'였다.

우리 팀은 몸이 아픈 이웃의 고충을 이해하고, 로봇으로 그들을 도울 수 있는 방법을 찾기로 했다. 이스탄불 유러피안 챔피언십에서 우리와는 전혀 다르게 미션을 해결했던 네덜란드 친구들, 미국 친구들을 보고 알게 된 점이 있었다.

처음 나간 세계대회에서 '로봇대회니까' 모든 문제를 로봇으로 풀려고만 했던 게 우리의 한계였다. 참가자들에게 요구되는 건 단지 로봇이 주가 되는 문제해결 관점에 있는 건 아니었다. 즉, 우리 학교, 우리 동네, 우리 지역사회와 관련된 문제를 주제와 연결시켜 해결 방법을 찾는 게 주 목적이었다. 구체적으로는 주변에서 일어나는 문제에 대해 우리 팀은 어떤 식으로 접근했으며, 어떻게 그 해결법을 실천에 옮겼는지, 결과적으로 우리 동네가 얼마나 더 좋게 변했는지를 알리고, 그 의미를 같이 생각해 보도록 이끌어주기 위한 대회였다. 그리하여 우리는 거창한 로봇을 잘 만드는 것만이 이 문제를 해결하는 것이 아니라는 것을 배웠다.

당시는 최연소 프로농구 코치로 활약하다 루게릭병에 걸린 박승일 선수의 안타까운 사연이 언론을 통해 조금씩 알려질 때였다. 용인 지역 주민이기도 한 그의 자전적 에세이 《눈으로 희망을 쓰다》가 센터에 비치되어 있었다.

아이들은 이 책을 읽고 루게릭이라는 병에 대해 관심을 가졌다. 우리는 우선 도울 방법을 알아보기 위해 박승일 선수 댁을 찾았다.

뜻밖에도 배우 유지태 씨와 양동근 씨가 와 있었다. 알고 보니 이분들이 집에 찾아와서 봉사활동을 한 지가 꽤 오래되었다고 한다.

한편으론 놀랍기도 했지만 내심 따뜻한 감동을 느꼈다. 지금처럼 아이스버킷 챌린지 같은 선행기부문화가 성행하던 때도 아니었다. 방송국 카메라도, 사진기자도 없었다. 화려한 스포트라이트 아래서나 어울릴 법한, 우리와는 동떨어진 세계에 사는 줄 알았던 분들이 묵묵히 손발 걷어붙이고 환자를 돌보는 모습은 그야말로 신선한 충격이었다.

박승일 선수는 운동으로 단련된 몸이고 체구가 큰 데다 어머니는 연로하셔서 혼자 힘으로 병수발하기가 도저히 불가능해 보였다. 유지태 씨와 양동근 씨의 꾸준한 봉사활동이 아니었다면 환자도 보호자도 그보다 큰 고역이 없을 것이다.

　아이들에게도 이 장면은 퍽 깊은 인상을 남겼던 모양이다. 팀원들은 아직 어려서 몸으로 힘쓰는 일은 못해도 박승일 선수를 위해 도움이 되는 걸 개발하고 싶다는 뜻을 어머니께 전했다.

　"환자가 종일 움직이지도 못하고 누워만 있어야 하니까 시도 때도 없이 욕창이 생겨. 몸이 차가워서 자꾸 주물러줘야 하는데 요즘 내가 기운이 달려서……."

　가장 필요한 게 전동침대라는 설명이다.

　"박승일 선수처럼 몸을 못 움직이는 환자를 위한 침대를 만들자!"

　곧 우리 팀의 목표가 정해졌다. 아이들은 각자 욕창 치료 전문 의사의 조언을 경청하고, 전동침대업체에 연락하여 전문연구원을 찾아가 현 시점에서 전동침대의 기술과 발전방향 등에 대해 세부적인 지식을 구했다.

　이 연구를 하는 과정에서 우리 팀 내에서 레고를 가지고 인체와 의학지식에 관련된 자료들을 공유하며 다방면으로 아이디어를 짜냈다. 팀원들이 몇 달을 공들인 끝에 센서로 방향과 각도를 감지하는 자동 욕창 방지침대를 만들 수 있었다.

　"우리가 박승일 선수를 위해서 할 수 있는 일은 또 무엇이 있을까?"

고심 끝에 아이들이 찾아낸 방법이 난치병환자돕기 자선 바자회였다.

승일재단 기금 모으기 운동이 막 싹을 틔우던 무렵인 것으로 기억된다. 아이들이 플레이웰센터에서 바자회를 열자 엄마들도 기꺼이 힘을 모아주었다.

레고, 포켓몬 카드, 탑 블레이드 등 아이들이 아끼던 물건과 엄마들 옷, 신발, 가방, 액세서리 등이 바자회 주요 품목이었다.

이 과정에서 서너 차례 더 박승일 선수를 방문했다. 그때마다 유지태 씨와 양동근 씨가 환자를 돌봐주던 모습이 눈에 선하다.

아이들은 대회 준비를 하면서 국내에 난치병 환자들이 의외로 많다는 사실도 알게 되었다. 하루는 팀원 중 한 아이가 눈물을

2018 에스토니아 FLL 대회장 전경

펑펑 흘렸다. 그전엔 욕창이 뭔지 몰랐던 아이가 이제는 아빠의 고통을 알게 되었다는 것이었다. 이 아이는 대회에 참가하기 전 희귀 질환으로 오랫동안 누워 지낸 아빠에 대한 미안함이 절절하게 배어난 글을 FLL 게시판에 올렸다.

부모는 아이 목소리만 들어도 상태를 알아차리지만 아이들은 부모가 아파도 자세히 말해주지 않으면 고통의 깊이를 가늠할 도리가 없다. 부모는 보살핌의 대상이 아니기 때문이다.

우리 팀은 대회 취지를 잘 이해하고 지역사회 일원에 대한 관심과 배려의 시각이 돋보인다는 평과 함께 심사위원이 수여하는 Judge's Awards를 받았다. 이웃을 위해, 가족을 위해 작은 힘이라도 보태려 애쓴 마음이 공감을 불러일으킨 결과였다.

최근에 가수 션을 시작으로 탤런트 박보검, 다니엘 헤니, 소녀시대 수영 씨가 루게릭병 환자 요양병원 건립을 위한 아이스버킷 챌린지를 이어가고 있다는 기사를 보았다. 유지태 씨와 양동근 씨도 다양한 장소에서 행사에 동참한 것을 알 수 있었다.

여전히 그분들의 선행을 지켜볼 수 있어 즐겁다. 이제는 연예인뿐만 아니라 각계각층의 유명인사들이 뜻 깊은 행사에 동참하고 있지만 내 기억에는 유지태, 양동근, 두 분이 그 시작점에 있다. 어쩌면 그분들의 보이지 않는 선행이 누군가의 가슴에서 가슴으로 전해져 지금의 거대한 물결로 이어진 것일지도 모른다는 생각이 든다.

2011년의 우리 아이들이 그랬던 것처럼.

당신의 자녀에게
놀이를 허하라

MIT 미디어랩의 레고-페퍼트 석좌교수 미첼 레스닉Mitcher Resnick은 일명 '스크래치의 아버지'로 불린다.

30여 년간 레고 그룹과 협력하여 창의적인 학습법을 연구한 레스닉 교수는 레고 마인드스톰Lego Mindstorms, 레고 위두Lego WeDo 등 혁신적인 교육 프로그램을 세계 각국에 전파시켰다. 또한 그가 개발한 스크래치를 코딩 교육 프로그램으로 사용하고 있는 나라만 해도 현재 150개국이 넘는다.

MIT 미디어랩에서 운영하는 평생유치원 그룹의 핵심 멤버인 그가 어느 학회에서 이런 말을 했다.

"유치원은 인류가 지나온 천년 동안 만들어낸 것들 가운데 가장 위대한 발명품이다."

프리드리히 프뢰벨이 설립한 세계 최초의 유치원 킨더가르텐

Kindergarten은 독일어로 '어린이 꽃동산'이란 뜻을 지녔다.

킨더가르텐이 탄생하기까지 프뢰벨에게 영감을 준 사건은 세 가지가 있었다. 첫째가 빈민교육에 평생을 바친 스위스의 교육학자 페스탈로치와의 만남이다.

유아기에는 개인적인 학습보다 집단 학습이 효과적이라 확신한 페스탈로치는 미술, 작문, 음악, 체육, 만들기 등 예체능 현장 활동에 중점을 두었다. 또한 교육 방법에 있어서도 아동의 개인차를 감안하여 능력에 따라 점진적으로 나타나는 발달단계에 보조를 맞춰야 한다는 사상을 갖고 있었다.

이러한 사상은 급진적이라는 이유로 많은 이들로부터 배척당했으나 프뢰벨은 페스탈로치의 인간적 면모에 깊은 감명을 받았다.

두 번째는 아름다운 스위스 전원마을에 자리 잡은 홀츠하우젠 남작 가문에서 가정교사로 일한 경험이다. 프뢰벨은 태어난 지 9개월 만에 어머니를 잃고 외롭게 자랐다. 이곳에서 생활하는 동안 그는 어머니의 관심이 자녀교육에 절대적인 영향을 미친다는 사실을 깨달았다.

세 번째는 나폴레옹이 전 유럽을 상대로 벌인 전쟁이다. 의용군으로 참전한 프뢰벨은 이 전쟁으로 형을 잃었다. 전쟁이 끝난 뒤 고아가 된 조카들을 돌보며 교육을 통해 무너진 조국을 일으켜 세울 것을 다짐한 그는 1840년 프뢰벨은 놀이중심의 유아교육 시설 킨더가르텐을 세웠다. 이곳에서 아이들은 색종이와 블록, 막대 등 프뢰벨이 만든 다양한 장난감을 가지고 놀았다. 사람들은 훗날 이 장난감들을 은물Gift '프뢰벨의 선물'이라 명명하였다.

－어린아이들은 주변과 교감할 때 가장 잘 배운다.

－정원사가 식물을 가꿀 때 각각의 본질에 따라서 물이나 비료를 주고 햇빛과 온도에 맞춰 가지치기를 해주듯이 교육자도 아이의 본성에 따라 성장할 수 있는 환경을 조성해주도록 노력해야 한다.

사물과의 교감을 통해 창의적 상상력을 발현하고 각자의 창조물로 재탄생하게끔 이끌어줄 때 교육의 올바른 가치가 성립된다고 하는 것이 프뢰벨의 신념이었다. 이러한 그의 사상은 2백 년이 지난 지금도 아동교육의 정설로 통한다.

미첼 레스너 교수가 주목한 건 상상－창작－놀이－공유－생각－상상의 단계를 반복하는 놀이교육이 창의적 학습의 선순환을 가능하게 한다는 점이다.

유아들을 대상으로 하는 레고 블록놀이 프로그램을 예로 들어보자.

교사는 이 활동을 시작하기 전에 아이들과 함께 읽었던 이야기를 떠올려주고 그 느낌을 말하게 한다. 그런 다음 시간을 정해주고 각자 머릿속에 떠오르는 것을 만들어보도록 한다.

"자, 그럼 시작해볼까?"

미션이 주어졌다.

처음에 아이들은 이야기 속의 어떤 장면을 떠올린다.(상상)

실제 이야기의 한 장면이 될 수도 있고 상상 속의 특별한 공간이 될 수도 있다. 한 그룹에 속한 아이는 원래 이야기에는 없던 다리를 놓아 주인공이 강을 건널 수 있게 돕기로 한다.(창작)

그룹 친구에게 이에 대한 이야기를 나눈다. 친구의 상상력까지 가미되면 이야깃거리가 더욱 풍부해진다. 그 결과 일자형 다리를 놓으려던 계획이 길다란 아치형으로 바뀐다.(놀이)

이 작업에 흥미를 느낀 다른 그룹 친구들도 동참하여 놀이는 확장되고 몇 가지 장식물이 추가되면서 더 많은 브릭이 쌓인다. 아이들은 끊임없이 의견을 나눈다.(공유)

여기서 종종 돌발사고가 일어난다. 아이들의 위기관리 능력이 싹을 틔우는 대목.

가령. 교각이 아치의 무게를 지탱하지 못해 다리가 무너졌다. 교사는 이때 다리가 무너진 이유가 무엇인지 아이들의 생각을 묻는다. 아직 문제를 이해하지 못한 경우엔 비슷한 형태의 다리를 사진으로 보여주고 장난감이나 책 등을 활용한 방법은 없는지 아이들 나름의 아이디어를 유도한다.(생각)

비로소 교각이 튼튼해야 된다는 사실을 알게 된 아이들은 보다 안정적이고 근사한 다리를 만들기 위해 새로운 도전을 시작한다.(상상)

미첼 레스너 교수는 자신의 저서 《평생 유치원》에 21세기가 요구하는 창의적 학습 모델이 유치원 이후의 학교에선 거의 보기 어려운 현실이 유감스럽다고 적었다.

이유가 뭘까.

나는 놀이교육에 대한 이해부족에서 그 원인을 찾는다.

요즘은 기업에서 직원 교육을 할 때도 '놀이' 두 글자를 붙인다고 한다. 팀원 필독서 읽기 놀이, 브레인스토밍 놀이, 아이스브레이크 놀이 등등.

이 얼마나 유쾌한 발상의 전환인가!

단어 하나만 바꿔도 느낌이 확 달라지는 건 '놀이'라는 말 자체가 주는 어감 때문일 것이다. 어느 책에선가 유용한 놀이는 두뇌 활동에 손을 빌려주는 것과 같다는 글을 본 기억이 난다. 무릎을 탁 치게 하는 말이 아닐 수 없다.

힐링과 빌딩이 동시에 이루어질 때 놀이는 브레인스포츠로서의 진가를 발휘한다.

"언제까지 놀기만 할 거야?"

조금 답답하더라도 이제부터 질문을 바꿔보자.

"뭐하고 놀 때 제일 좋아?"

"이렇게 놀 때, 어떤 점이 재미있니?"

"오! 네가 만드는 게 뭔지 무척 궁금해."

만약 아이가 열심히 설명하기 시작한다면 지금 당신의 아이는 뭔가를 만들면서 지식을 쌓는 중이다. 그것도 아주 즐겁게!

다중지능 발달은
어떻게 이루어지는가

며칠 전 압구정연구소에 특별한 손님이 찾아왔다. 베스트셀러 《상상 속의 덴마크》를 통해 '휘게 라이프Hygge Life'라는 생소한 개념을 한국사회에 전파시킨 에밀 라우센이 그 주인공이다.

덴마크어로 휘게Hygge는 편안함, 아늑함을 의미한다. 한국 텔레비전에도 여러 번 출연한 에밀은 북유럽문화원에서 덴마크 휘게 문화를 소개하는 연말 파티를 준비하느라 매우 바쁜 나날을 보내고 있었다.

우리 연구소를 방문했을 땐 다소 늦은 저녁시간이었다. 에밀은 유창한 우리말로 늦은 시간 우리 연구소를 방문한 이유를 설명했다. 그가 주최한 파티에 관심 갖는 사람들이 생각보다 많아 준비할 게 많았다는 것.

벌써 예약자가 백 명이 넘는다고 한다.

"내일은 아무 데도 가지 않고 유민, 그리고 아기랑 하루 종일 편안하게 지내려고 오늘 많은 일을 했어요."

유민은 그가 사랑하는 한국인 아내의 이름.

갓 돌이 지난 아기는 눈에 넣어도 안 아픈 딸이라고 한다. 에밀은 딸아이에 대한 이야기가 나오자 핸드폰에 저장된 동영상을 보여주었다.

마치 동화 속 세상처럼 아늑하고 편안하게 꾸민 집 안, 아내와 딸의 행복한 웃음소리.

말 그대로 휘게 라이프가 그 안에 있었다.

에밀은 더 많은 이야기를 나누고 싶지만 다음엔 아내와 함께 오겠다며 내게도 초대장을 건넸다. 모든 사람들에게 의미 있는 시간이 되었으면 좋겠다는 말과 함께.

나는 감사의 뜻으로 레고와 체스 세트를 파티 참가자들을 위한 크리스마스 선물로 기부했다.

"한국의 아이들과 덴마크 아이들이 함께 즐길 수 있는 파티를 같이 해보면 어떨까요?"

마지막으로 그가 나에게 특별한 제안을 해왔다. 북유럽 아이들과 한국의 아이들이 어울려 놀면서 문화를 교류하는 파티!

생각만 해도 멋지다.

휘게 라이프, 휘게 육아는 최근 우리나라 젊은 부모들의 주요 관심사로 떠오른 스칸디 대디 육아법과도 맥을 같이 한다.

스칸디 대디Scandi Daddy라는 생소한 개념이 대한민국 부모의 관심사로 떠오른 건 2011년 영국의 주요 일간지 〈더 타임스〉가 북유럽 아빠들의 양육법을 대서특필한 것이 계기가 되었다.

이전까지는 영국도 공부만을 강요하는 엄격하고 무서운 엄마, 일명 타이거 맘Tiger Mom이 대세였다. 덴마크나 스웨덴 등 북유럽 국가는 육아에서 아빠의 역할을 중시하는 문화로 인해 아빠들도 80% 이상 육아휴직을 사용한다. 그만큼 다른 국가에 비해 상대적으로 아빠가 아이들과 많은 시간을 보낼 수 있어 정서적인 교감이 잘 이루어진다는 이점이 있다.

〈더 타임스〉는 타이거 맘의 훈육법이 자녀를 좋은 대학에 입학시키고 이른바 출세가도를 달리게 하는 데 성공했을지 몰라도 결과적으로 그 인생을 행복하게 해주진 못한다고 단언한다. 아울러 교육의 혁신을 주장하며 내세운 개념이 바로 스칸디 대디 육아법이다.

적극적인 아빠의 보살핌 아래 자라난 아이들이 창의적이고 주체적인 인간으로 성장한다고 하는 스칸디 대디 예찬론은 〈아빠 어디 가〉, 〈슈퍼맨이 돌아왔다〉 등 국내 유명 예능 프로그램에 소개되면서 세간의 주목을 끌었다.

하지만 이것은 사회복지가 충분히 갖춰진 나라에서나 해당되는 사항일 뿐, 아직 우리와는 다소 거리가 먼 얘기라 할 수 있다. 그보다 내가 눈여겨본 대목은 스칸디 대디의 10가지 육아법 가운데 다음 세 가지 조언이다.

−종종 자녀들과 함께 밖에서 놀아라.

−어린이에겐 단순한 일상이 최고다.

−레고 세트를 선물하라.

다중지능이론을 창시한 미국의 발달심리학자 하워드 가드너 박사는 인간의 잠재력을 7가지로 분류했다. 언어 지능, 논리 및 수리 지능, 공간 지능, 신체운동 지능, 음악 지능, 대인관계 지능, 자기이해 지능. 훗날 여기에 자연탐구 지능 한 가지를 추가했다.

사람마다 지능의 발달 영역이 다르며 그중 한두 개 영역은 타인보다 더 빠르거나 많이 발달하는데, 그렇다고 다른 영역은 발달하지 않는 것이 아니므로 교육으로 부족한 부분은 보완하고 강점을 키움으로써 지능 발달을 촉진시킬 수 있다는 이론이다.

그는 놀이터에서 아이들과 장난감의 상호작용을 연구한 결과 놀이의 방식과 8가지 지능이 밀접한 관련을 맺고 있음을 발견했다. 인형 또는 동물 장난감을 가지고 노는 아이들은 언어 지능이 발달한 경우, 블럭이나 퍼즐 따위를 가지고 노는 아이들은 논리 및 수리 지능 영역이 발달한 것을 알 수 있었다.

감히 가드너 박사의 연구에 숟가락을 얹자면, 레고를 오래 한 아이들은 위에 언급한 8가지 지능의 대부분을 활용한다. 일례로 스무 명의 아이들에게 식스 브릭스Six Bricks를 −여섯 개의 레고 브릭! 우리가 잘 알고 있는 그 유아용 듀플로 레고 블록 말이다. - 가지고 머릿속에 떠오르는 것을 만들어보라고 하면 스무 개의 작품, 스무 개의 스토리가 탄생한다.

이야기를 꾸미고 그에 맞는 형상을 만들어내는 작업은 위대한 창작의 단초가 된다. 그러자면 아이들이 다양한 각도에서 사물을 바라볼 수 있도록 최대한 많은 기회를 선사해야만 한다. 같이 산책하고, 이야기하고, 소소한 추억이라도 좋다. 부모가 아이와 무언가를 함께할 수 있다면 그 자체만으로도 훌륭한 놀이 아이템이 될 수 있다.

아이들에겐 일상의 모든 경험들이 창작의 자양분으로 쌓인다. 교감하는 대상이 많아지고 신체활동이 활발해질수록 지능의 발달 영역은 점차 확대된다.

전 세계 수많은 비즈니스 현장에서 혁신의 바이블로 통하는 《레고 시리어스 플레이 방법론》의 두 저자 빼르 크리스티얀센과 로버트 라스무센은 종국에는 이 모든 단계 단계가 창의적인 문제해결 역량으로 귀결된다고 말한다.

시리어스 플레이Serious Play, 진지한 놀이 이론은 '목적이 분명한 놀이는 개발을 추구한다'는 개념에서 출발한다. 두 저자는 그 전제로 길들여진 사고에서 벗어나도록 유도하는 놀이라는 조건을 달고 레고 블록을 조립하는 아이들 모습을 예로 들었다.

요컨대 아이들은 어떤 사물이나 현상에 개인적 경험이 반영되었을 때 무언가를 만들고 싶은 본질적인 요구로부터 동기를 부여받아 완전히 몰입하게 되며, 자유롭고 다양한 상상을 통해 내부에 잠재되어 있는 에너지를 무한정 끌어올린다는 것이다.

처음부터 그럴 듯한 작품을 만들어낼 순 없다. 머리보다 손이 먼저 움직이는 게 아이들이다. 막연한 상상으로 조립을 시작했다가 아이디어가 바뀔 수도 있다. 아이는 몰입에 몰입을 거듭하면서 목적지에 도달할 수 있는 방법을 찾으려 애쓴다. 이를 위해 자신이 가진 모든 지식을 동원한다.

뻬르 크리스티얀과 로버트 라스무센은 레고 블록을 놀이도구로 사용하는 아이들에게서 완전한 몰입의 상태를 발견했다. 또한 이것이 성인이 되었을 때 경험의 최고치로 나타난다고 설명한다.

인간은 더 좋은 결과를 이끌어내고자 노력하는 과정에서 가장 큰 배움을 얻는다. 이때가 다중지능이 발현될 최적의 타이밍이다.

콩나물시루에 물이 빠져나가도
콩나물은 자란다

올바른 배움과 나눔의 정신을 추구하는 레고 로봇대회, FLL First LEGO League은 지난 20여 년간 세계 각국의 과학 영재를 배출해 낸 대회로도 유명하다.

특히 미국은 MIT공과대학 입학생 중 20% 이상이 FLL을 경험한 학생이라는 통계가 입증하듯 대회 참여 열기가 뜨겁다. 레고 애호가로 유명한 조지 부시 전 미국 대통령이 폐막식 축사를 하기도 했다.

우리나라에선 대표적인 한류스타 JYJ가 레고의 교육적 장점을 널리 알리는 일에 앞장서고 있다.

"어렸을 때 레고를 많이 갖고 놀았습니다. 청소년들이 로봇에 대한 열정을 키울 수 있도록 보탬이 되고 싶습니다."(박유천)

"저는 우주에 관심이 많았습니다. 초등학교 시절엔 과학자를 꿈꾸기도 했죠. 우주에 가려면 비행기가 필요하다고 생각했어요. 그래서 비행기를 만들기 전에 고무동력기를 만들어 보기로 했죠. 하지만 고무동력기 5개를 만들어도 5초 이상 날려본 적이 없어 포기했습니다. 왜냐면 전 기계치거든요."(김준수)

"중학생 때 과학경시대회에서 헬리콥터를 조립해 상을 받은 적이 있습니다. 로봇이나 공학은 어렸을 때부터 관심이 많은 분야였어요."(김재중)

2011년 FLL Korea 홍보대사로 위촉된 세 멤버가 행사장에서 한 말은 곧바로 인터넷을 타고 퍼져 나갔다. 덩달아 레고 로봇이라는 단어가 검색어에 오르는 걸 보면 역시 한류스타는 다르구나 싶었다.

JYJ뿐만 아니라 어린이들이 좋아하는 개그맨 김병만 씨도 수년 동안 로봇 꿈나무 양성에 기여하고 있다. 아무쪼록 이분들의 활약에 힘입어 레고 로봇에 대한 일반의 관심이 확산되었으면 하는 바람이다.

2013 FLL Korea 주제는 'Senior Solutions.'

고령화 사회에서 노인들의 삶의 질을 향상시킬 수 있는 방안과 그 문제점을 모색해보는 것이었다. 우리 팀은 성남 고령친화종합체험관에서 실시하는 노인 체험 프로그램에 참가하여 나이든 어르신들의 일상생활을 간접 체험하는 기회를 가졌다.

말이 간접 체험이지 실상은 노인처럼 행동하면서 노년의 삶이 얼마나 고단하고 힘든지 직접 몸으로 느껴볼 수밖에 없는 프로그램이었다. 노인들도 키가 크거나 작거나, 뚱뚱하거나 마르거나, 각각 체형과 체중이 다를 수밖에 없다. 따라서 복지관 측에서 제공하는 체험복도 종류가 다양했다.

체중이 많이 나가는 노인과 또 그 반대의 경우는 어떤 문제가 있는지 알아보기 위해 불편한 체험복을 입고 계단 오르내리기를 반복했다. 노인의 신체적 특징을 감안하여 특수 제작된 체험복은 본인이 원치 않아도 노인처럼 움직이게 설계되어 있다.

"노인이 되면 불편한 게 무척 많구나."

"그런데 우리가 뭘 도울 수 있지?"

늙는다는 게 어떤 건지 상상해본 적도 없었을 아이들은 몇날 며칠 머리를 짜냈으나 딱히 팀 프로젝트로 진행할 만한 아이디어는 떠올리지 못한 기색이었다. 그러다 한 팀원이 고민을 이야기했다.

파킨슨병을 앓고 계시는 할아버지가 시간 맞춰 약을 챙겨 드려야 하는데 할머니까지 치매 증세를 나타내기 시작했다는 것.

"우리가 도울 방법을 찾아보자!"

문제가 생각보다 가까운 데 있다는 게 아이들에겐 동기부여의 요인이 되었다. 의기투합하여 해결방안을 모색하던 아이들은 자동 약 투여 시스템 로봇에 알람을 추가하여 프로젝트를 완성했다.

스마트 앱이 하루가 다르게 발전하는 요즘엔 썩 눈에 띄는 발명품이라고는 할 수 없지만 할아버지 할머니를 걱정하는 손녀딸의 착한 마음과, 친구를 도우려는 팀원들의 선의로 탄생한 작품이다. 비록 수상은 못했어도 충분한 의미와 가치가 있는 시도였다.

다 그런 건 아니겠지만 레고 대회 수상 실적의 태반은 코치 몫이라는 이야기가 있다. 적어도 나는 아이들에게 가짜 상을 받게 해주고 싶진 않았다. 부족하면 부족한 대로 자기 것으로 승부하는 버릇을 들여야만 진짜 자기다움이 나오고 결국은 그 자기다움이 훗날 자신이 설 자리를 만들어준다.

엄마들은 나와 생각이 달랐던 모양이다. 수상을 못한 것에 실망했기 때문. 결국 팀은 깨지고, 당시 초등학교 3학년 인성이만 끝까지 자리를 지켰다.

비싼 참가비 들여서 대회까지 나갔으면 뭐라도 하나 받아오기를 바라는 심정을 이해 못할 바는 아니었으나 솔직히 내 심정도 곤혹스럽기 그지없었다.

경험도 실력이다. 그것이 성공이든 실패든.

아이들이 그 안에서 얻는 배움은 궁극적으로는 메달이나 트로피 같은 성과물보다 몇 배 더 강한 힘을 발휘한다는 사실을 받아들이기엔 너무나 팍팍한 우리의 교육 현실이 문제인 것을 어쩌겠는가.

'가슴이 시키는 대로 했더니 나만의 답과 길을 찾을 수 있었다.'

문득 한재권 박사님의 이야기가 떠올랐다.

로보컵 3년 연속 우승컵의 영웅 한재권 박사님은 어릴 적 뇌성마비 장애를 가진 동생을 위해 로봇을 만들기로 결심했다. 세계 최고의 휴먼 로봇은 그렇게 태어났다.

박사님이 개발한 미국 최초의 성인 크기 휴머노이드 로봇 찰리는 시사주간지 〈타임TIME〉이 뽑은 '2011년 최고 발명품 50'에 선정되어 한재권이라는 이름을 천재적인 로봇 공학자의 반열에 올려놓았다.

한재권 박사님은 데니스 홍과 더불어 우리 K.F.C. 팀 아이들의 우상이기도 하다. 브라질에서, 캐나다에서, 한국 로보컵에서, 로봇 축제가 열리는 곳에서 만날 때마다 박사님은 항상 우리 아이들을 반갑게 맞아 격려의 말씀을 해주시곤 했다.

특히 플레이웰 소속 고등학생 로봇 동아리 팀원들이 직접 기획하고 집필한 《로봇스포츠데이》 책에 추천사를 써주신 일은 자라나는 청소년들에게 평생 잊지 못할 추억으로 남게 될 것이다. 이 자리를 빌어 다시 한 번 감사의 마음을 전한다.

국내 대기업 연구소에서 군사용 무기인 차세대 장갑차에 쓰이는 자동 제어 타깃 장치를 만들던 박사님이 돌연 사표를 던지고 미국으로 떠난 건 '가슴이 원하는 일'을 하기 위해서였다고 한다.

'친구 같은 로봇', '사람을 도와주는 로봇'을 향한 꿈이 그것이다. 이후 유학 경비를 마련하기 위해 교육용 휴머노이드 로봇을 제작하는 미국의 벤처기업에서 일했던 박사님은 코넬대학교 입학을 앞두고 로봇 컨퍼런스에 참여한 것을 계기로 인생의 변곡

중국 로보컵대회에서 K.F.C. 팀원들의 셔츠에 사인을 해주는 데니스 홍 박사님

점을 맞게 되었다.

버지니아 공대 신임 교수 데니스 홍과의 운명적인 만남이 이루어진 것.

데니스 홍은 '로봇으로 세상을 이롭게 하겠다'는 철학으로 여러 논문을 발표하여 미국 과학계에서 주목받는 인물이었다. 단번에 이분의 열정에 매료된 한재권 박사님은 버지니아 공대로 진로를 바꿔 본격적인 로봇 연구에 매진한 결과 '찰리-2' 로봇의 설계와 제작에 참여, 2011 로보컵 우승을 필두로 2015 다르파 로보틱스 챌린지DRC, 미 국방성 산하 방위고등연구계획구에서 주최하는 세계적인 재난구조 로봇대회 본선에 진출하는 등 대한민국 로봇 공학의 우수성을 세계에 알리는 주역이 되었다.

나는 가슴이 원하는 게 무엇인지 스스로 깨우칠 기회도 없이 그저 입시라는 한 방향으로만 내몰리고 있는 아이들을 볼 때마다 안타까운 생각이 든다.

조금만 더 기다려주면 얼마든지 좋은 결실을 맺을 수 있을 텐데.

인성이가 바로 그런 경우였다.

우리 팀의 해피 바이러스 인성이는 너그럽고 배려 깊은 마음결을 지녔다. 주변에 따르는 아이들도 많았다.

누구나 팀을 같이 하고 싶어 하는 친구.

이것이 인성이가 가진 최고의 덕목이었다.

나는 일곱 살부터 플레이웰에서 꿋꿋이 자리를 지켜온 인성이를 중심으로 팀을 꾸렸다. 그리고 플레이웰의 핵심가치에 하나를 더했다.

"하나에서 열까지 우리 손으로!"

내부로부터의 성찰을 통해 무언가를 발견할 때 비로소 이 아이들은 자기만의 답, 자기만의 길을 찾게 되리라.

인성이는 플레이웰에서 성장하는 동안 신선한 경험을 했다. 시각장애인을 돕는 로봇에 관심을 가진 인성이는 자신이 설계한 로봇을 블로그에 올려 진행상황을 K.F.C. 팀원들과 공유하기도 했다. 그러던 어느 날 전혀 상상도 못했던 손님이 인성이의 게시물에 댓글을 달았다.

그가 바로 모든 아이들이 우러러보는 로봇 영웅 데니스 홍이었다!

데니스 홍은 인성이를 격려하는 짧은 댓글과 함께 시각장애인용 로봇을 만들기 위한 참고 자료로 쓰도록 유튜브 동영상을 링크해주는 친절을 베풀었다.

베푸는 사람 입장에선 간단한 호의에 불과했을지 몰라도 그것이 우리 아이들에게 끼친 파급력은 어마어마했다.

"데니스 홍 선생님이 내 블로그를 지켜보고 계셨다니!"

"혹시 댓글 달아주는 로봇이 있는 건 아닐까?"

좋아서 어쩔 줄 모르던 아이들 표정이 지금도 눈에 선하다. 아이들은 마치 데니스 홍 선생님이 곁에서 지켜보기라도 하는 것처럼 신바람이 났다. 덕분에 2018 FLL 코어 밸류Core Value 상을 수상하고 그 여세를 몰아 올해 6월 유러피안 챔피언십으로 개최된 에스토니아 FLL에 출전할 수 있게 되었다.

나는 이 아이들이 언젠가는 한재권 박사님이나 데니스 홍처럼 훌륭한 로봇 공학자로 성장할 것이라 믿는다.

엄마들이 눈에 보이는 실적에만 전전긍긍해선 아이를 크게 키울 수 없다. 당장 아웃풋이 나오지 않는다고 불안해하지는 말자. 콩나물시루에 물을 부으면 물은 다 빠져나가는 것 같아도 콩나물은 자란다.

아이들에게 시간을 주자. 마음껏 상상의 나래를 펼칠 수 있는 시간, 그 상상을 구체화 시킬 뭔가를 발견하고 배울 시간을.

그 시간에도 아이들은 성장하고 있다.

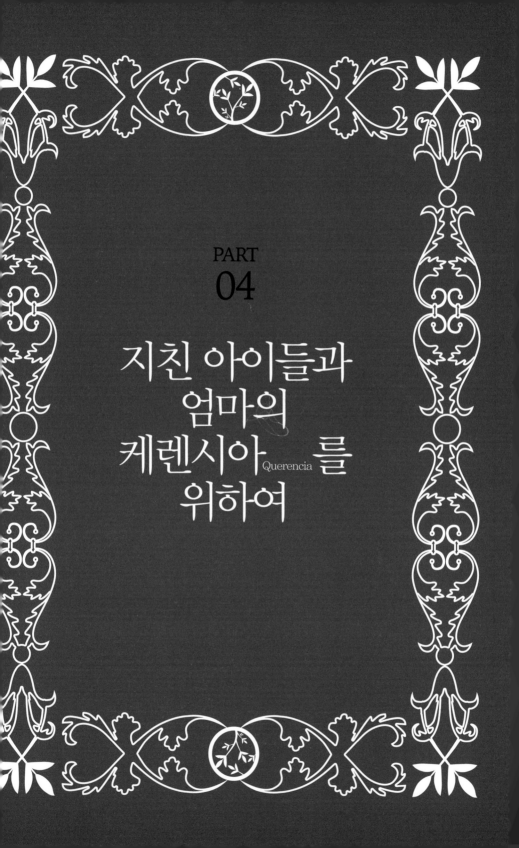

PART
04

지친 아이들과
엄마의
케렌시아 를
Querencia
위하여

날아라,
훨훨

얼마 전 영국의 한 신문에 눈에 띄는 기사가 실렸다.

"노벨상 과학 부문에는 화학, 물리학, 생리의학 단 세 가지 분야만 있다. 컴퓨터 과학이나 로봇 공학, 또는 인공지능과 국제적 담론이 오가는 환경과학도 무시되고 있다. 100년의 전통을 가진 노벨상의 수상기준이 현대과학의 흐름을 쫓아오지 못하고 있는 것이다."

요컨대 시대를 선도해야 될 노벨상이 오히려 구태를 답습하고 있다는 지적이다. 개인이든 단체든 익숙한 것, 안전한 것을 선호하는 경향이 강할수록 퇴행은 불가피하다 할 것이다.

지난해 인터넷에 회자되어 많은 사람들의 공감을 불러일으킨 이어령 선생님의 강연은 아이를 키우는 부모들에게 시사하는 바가 크다.

－세상에 천재 아닌 사람 없다. 모든 사람이 천재로 태어났고 그 사람만이 할 수 있는 일이 있다.

－360명이 달리는 방향을 쫓아 경주하면 아무리 잘 뛰어도 1등부터 360등까지 순서가 정해진다. 하지만 남들이 뛴다고 뛰는 게 아니라 내가 뛰는 방향으로 각자가 뛰면 360명이 다 1등이 되는 거다.

－왜 자기는 하나밖에 없는데 남들과 똑같이 살려고 하는가. 남들 생각에 쫓아가지 말고 대담하게 정말 가고 싶은 길을 가라.

나는 '특별하다'는 말을 좋아한다. 사람이 특별한 건 그만이 할 수 있는 일이 있기 때문이다. 아이들의 재능은 아직 완성되지 못한 그릇과도 같다. 한자리에 놓고 보면 얼핏 아롱이다롱이 같아도 한 명 한 명 자세히 보면 제각각 빛나는 구석을 발견하게 된다.

조선시대 아이들이 즐겨 불렀다는 〈새타령〉은 가사가 재미있다.

참새란 놈은 때때옷을 입었으니
금군이 딱이요
황새란 놈은 목이 길어서
포교가 딱이요
솔개란 놈은 눈치가 좋으니
보초군사가 딱이요…….

(중략)

재능은 그가 가진 장점으로부터 찾아진다. 시간을 두고 대상에 몰입하여 '자세히' 보지 않으면 그 아이만이 지닌 고유한 가치를 알 수가 없다.

아마도 인생에서 가장 중요한 의미를 갖는 건 중학생 시기가 아닐까 한다. 이 시기에 누굴 만나고, 무엇을 보고, 어떤 걸 깨우쳤는지에 따라서 그전까지와는 결이 다른 삶을 살아갈 수 있다고 믿는다.

설령 조금은 힘든 유년기를 보냈더라도 이 시기에 좋은 자극을 충분히 받는다면 자신을 긍정적으로 돌아보고 새로운 도약의 계기를 맞이하리라.

지난 토요일은 FLL 지역대회가 열리는 날이었다. 서울엔 아침부터 탐스러운 첫눈이 내렸다. 1라운드가 끝나자 제법 많은 눈이 쌓였다.

"쌤! 눈싸움해도 돼요?"

점심을 먹기 바쁘게 아이들 마음은 콩밭에 가 있었다. 잔뜩 들떠 있는 아이들 표정을 보면서 문득 이런 생각이 들었다.

'이 아이들 인생에서 첫눈 오는 날 로봇대회에 출전하여 눈싸움할 기회가 과연 몇 번이나 있을까?'

밖에 나가 놀 시간에 2라운드 준비를 좀 더 충실히 하는 게 나은 일일 수도 있겠지만, 나는 길게 생각할 필요를 느끼지 않았다.

"놀고 싶으면 나가도 돼. 하지만 너희가 뭘 하든 한 팀이란 걸 잊지 마. 눈싸움하는 건 좋은데, 혹시 감기라도 걸려서 팀에 해를 끼치면 안 되겠지?"

"네!"

아이들은 단단히 옷을 챙겨 입고 운동장으로 나가 신나게 눈싸움을 즐겼다. 날이 너무 추웠던 탓에 15분 만에 돌아오긴 했지만, 그 짧은 시간이 선사한 자극의 밀도는 어른들이 상상하고 기대하는 것 이상이리라.

중학생 때까지 나는 몽상가였다. 닮고 싶은 사람도 많고, 해보고 싶은 일도 많았다.

초등학교 시절엔 교직에 종사하는 부모님을 따라 선생님이 되고 싶었고, 멋진 여성 아나운서가 학교를 방문했을 땐 방송국 카메라 앞에 선 내 모습을 그려보기도 했다.

꿈은 수시로 바뀌었지만 뭔가를 포기해서가 아니었다. 다만 내가 더 좋아하는 어떤 것으로 종종 마음이 옮겨갔을 뿐이다. 세상은 도전하고 싶은 일로 가득했고 내 속엔 늘 에너지가 넘쳤다.

학교 분위기 탓이었을까.

내가 다닌 전주 효문여중은 코스모스축제가 유명하다. 체육대회와 학예발표회를 겸한 재능 나눔 행사로 치러지는 축제는 사물놀이, 난타, 댄스 공연, 우쿨렐레 연주회 등 풍성한 프로그램으로 운영된다.

아마도 현 중학교육제도에서 실시되고 있는 자유학기제와 비슷하지 않았나 싶다. 자유학기제는 중학교에서 한 학기 또는 두

학기 동안 지식, 경쟁 중심에서 벗어나 학생주도형 수업을 실시하고 학생의 소질과 적성을 키울 수 있는 다양한 체험 활동을 중심으로 교육과정을 운영하는 제도이다.

중학교 1학년에 시험이 없어지니 아이들이 공부는 안 하고 놀기만 한다. 시험을 자꾸 봐야 고등학교 내신 준비가 되는데, 아이들 놀릴 시간에 중요과목 선행이라도 시켜야 한다는 둥. 이제 막 시험에서 해방된 아이들의 시간이 허투루 쓰일까 학부모들은 여전히 의견이 분분하지만 나는 자유학기제를 적극 찬성한다.

중학시절 다양한 활동은 나의 꿈을 풍부하게 만들었다. 코스모스축제 땐 친구들과 떡볶이를 팔고, 학생회장으로서 각종 장기자랑의 사회를 맡았다. 어떻게 하면 우리 반이 만든 떡볶이가 잘 팔릴까? 세일즈 이벤트를 고민하고, 우리 반이 제일 잘나간다는 것을 보여주고 싶어서 매번 새롭게 합창 무대를 만들었다.

돌이켜보면 이때만큼 신나게 학교생활을 한 적도 없는 것 같다. 내 적성에 맞는 직업으로 문화콘텐츠 개발자를 고려해보기도 했다.

가끔은 내가 놀선생의 길을 선택한 게 우연이 아닐지도 모른다는 생각이 든다.

교사, 아나운서, 문화이벤트 기획자.

자라면서 꿈꾸었던 일들이 모두 플레이웰의 이름으로 이루어지고 있으니 말이다. 아이들과 함께 크고 작은 무대를 준비하다 보면 자연스럽게 교사도 되었다가 아나운서도 되었다가 문화이벤트 기획자로서의 역할도 해야 된다. 이 모든 과정에서 나는 충분히 행복을 느낀다.

최근 어느 예능프로그램에 탤런트 박지영 씨가 출연한 것을 보고 중학시절 추억이 새록새록 떠올랐다. 내게는 대선배님이신 그녀가 효문여중 출신이다.

선생님들도 우리 학교의 자랑이며 전설이라고 입이 마르게 칭찬하셨다. 방송가에선 영재들만 간다는 런던 UCL에 큰딸을 입학시킬 만큼 자녀교육을 잘 시키기로도 소문났다고 한다.

인터뷰 내용 중 유독 내 마음에 와 닿았던 건 그녀의 자녀교육 철학이다.

'학교도 너의 것, 공부도 너의 것.'

빙고!

아이들은 아이들의 삶이 있고 엄마는 엄마의 삶이 있다는 것! 멋지다. 간단한 것 같아도 실천하기는 어려운 말이다. 아이들이 시험을 치루면 온 가족이 긴장하고, 아이가 숙제를 잘못하면, 엄마가 대신해주고, 아이가 공부를 못하면 엄마가 죄인이 되어 학원이며 과외선생님을 알아보러 다니고, 아이들 학교생활과 공부에 절절 매는 게 대한민국 엄마들의 흔한 일상 아닌가.

종종 나는 큰아이 시험기간, 작은아이 단원평가가 어떻게 돌아가는지 모르고 지나갈 때가 있다. 때때로 달력에 써두기도 하지만, 아이들 시험기간이라고 해서 나와 남편의 생활패턴이 바꿰진 않는다.

내가 너무 무심한 엄마인가 싶기도 하지만, 설령 시험기간을 안다고 한들 무엇을 할 수 있다는 말인가?

실상 나는 누구보다 자식 욕심이 많은 엄마다. 초등학교 졸업을 앞둔 상태에서 큰아이를 제주도에 있는 기숙학교에 보내기로 결심한 이유도 자식을 꽉 막힌 새장에서 꺼내주고 싶은 내 욕심 때문이었다.

점수 1점 차이로 희비가 엇갈리는 소모적인 시간 낭비로 내 아이를 옭죄고 싶진 않았다.

고백하자면 나 역시 한국식 교육을 받은 부모이기에 아이의 시험결과로부터 완전히 자유로울 수 있을지는 자신이 없었다.

때때로 아이를 위한다는 명분으로 심하게 몰아붙일지도 모른다. 내 아이는 제 속도로 걷고 있는데 다른 아이들은 몇 배속 달리기를 하고 있을 때 나는 과연 어떤 엄마의 모습을 하고 있을까.

빨리 달리라고, 다른 애들 다 저렇게 잘 달리는데 너만 왜 걷고 있는 거냐고 재촉하지 않을 수 있을까.

과목별로 학원 다니고 과외를 하면서 '1점이 모자라다'고, 그거 하나 왜 틀렸냐고, 다신 실수하지 말라고! 다 아는 데 왜 틀리냐고 채근하지 말란 법도 없다.

어떤 게 최선일까.

고민하고 또 고민했다. 그때마다 결론은 1점, 1점에 목숨을 걸고 아슬아슬하게 그 간극을 넘나들며 아이를 키우고 싶진 않다는 거였다.

아이에겐 먼 미래의 일에 불과한 대학입시를 잘 치르기 위해, 고등학교 가서 잘하려면 중학교 때 어느 수준까지 도달해야 하는지, 중학교 때 잘하려면 지금 또 어떤 준비를 해두어야 하는지 등등을 알아보기 위해 다른 엄마들은 열심히 발품을 팔았다. 아무 생각 없이 그저 남들 하는 만큼만 따라가면 차라리 속 편했을지 몰라도, 나는 아는 게 너무 많았다.

내가 그동안 수많은 학부형들과 만나면서 가장 확실하게 느낀 점은 자녀교육에 공짜는 없다는 것이다. 탐나는 아이들이 그렇게 자라는 데는 이유가 있다. 영재고 혹은 명문 자사고에 합격한 아이들, 공부를 잘하지 않아도 뭔가 남달라 보이는 아이들은 학원을 다니건 다니지 않건 어떤 방식으로든 충분히 경험하고 미리 자극받은 아이들이다. 여기에 그 아이가 다양한 배경지식을 갖춰 심리적 자원이 풍부해질 때까지 기다려주는 부모가 있다면 금상첨화다.

나도 내 아이를 그렇게 키우고 싶었다. 하지만 서울 한복판에서 여느 아이들처럼 영어, 수학학원 안 가고 집에 혼자 방치되는 것이 과연 아이를 이롭게 하는 길일까.

자식을 믿는다고 노출된 환경에 대한 걱정이 없을 수 있을까.

나는 내 아이들이 글로벌 무대에서 당당하게 자신의 강점을 발휘하며 살아가길 바란다. 가급적 다양한 문화와 환경을 접할 수 있게 하고, 사람들과 화합하며 제 몫을 다하는 행복한 사회인으로 성장할 수 있게 돕는 건 부모의 마땅한 소임이리라.

제주 기숙학교는 우리 부부가 이제 막 푸른 여정의 첫발을 내딛는 아들에게 줄 수 있는 최상의 선물이라 생각했다. 무엇보다 아이가 원했으니까.

혹자는 말한다.

자식을 국제학교에 보낸 것은 있는 사람들의 돈 잔치, 된장엄마의 허영이라고.

사치를 하다하다 교육 사치까지 한다고.

중학교도 안 간 아이를 어떻게 기숙사에 떨어 뜨려놓느냐고.

엄마가 일한다고 자식 신경 쓰기 싫어서 그러는 거 아니냐고.

가시 돋친 시선에 일일이 반응하고 싶진 않았다. 그럴 시간에 기숙사 생활에 도움이 될 정보를 하나라도 더 찾아보는 게 나을 터였다. 지금도 그렇지만 그땐 몇몇 학부형들의 잡지 인터뷰 기사를 제외하곤 기숙학교에 대한 정보가 거의 없었다.

나는 미국과 영국의 주니어 보딩스쿨 자료를 검색하며 아이를 제주도까지 보내려는 이유가 무엇인지를 다시 한 번 생각했다.

학년이 올라갈수록 아이는 점점 더 바빠질 것이고 점점 더 여유를 잃어갈 것이다. 더 힘들어지기 전에 잠시라도 숨 쉴 공간을 만들어주고 싶었다. 너무 시험에만 쫓기지 않고, 마음 바쁘지 않게 자기에 대해 생각해볼 시간을 갖게 하고 싶었다.

내가 뭘 좋아하는지, 어떤 과목을 공부할 때 제일 재밌는지, 어떨 때 가장 행복한지.

가능한 많은 경험 속에서 '나'를 찾고 자신의 정체성을 확립해 나가도록 멋진 여행을 선사하리라.

지금이 아니면 이 시절은 다시 오지 않기에.

그리하여 우리는 처음으로 익숙한 것과의 결별을 선택했다. 아이는 엄마아빠와 살던 집과는 완전히 다른 세상과 마주하게 될 것이다. 전혀 다른 생활 습관을 가진 룸메이트와 공간을 함께 쓰는 법을 배울 것이며, 엄마아빠 외에 지속적으로 자신을 케어해주는 어른을 만나게 될 것이다. 또래 친구들과 신나게 어울려 놀다 때로는 집이 그리울 것이고, 몸이 아플 수도 있다.

성장통은 아이를 조금씩 단단하게 만들 것이다. 그리고 마침내 알을 깨고 나오는《데미안》독일의 작가 헤세가 지은 소설의 새처럼 한 세계를 파괴하고 또 다른 세계로 도약하리라.

때론 심술궂은 역경이 그 여정을 방해할지도 모른다. 그래도 우리는 그를 지지하고 기다릴 것이다.

이미 울타리를 벗어난 새는 어떻게든 날아오를 것이므로.

엄마
여기 있어!

큰아이가 중학교에 올라간 뒤 처음 열리는 학부모 컨퍼런스에 참여했을 때 일이다. 안면이 있는 엄마들끼리 휴게실에 앉아 이야기를 나눴다. 아이가 중학생이 되어 처음 받은 성적이 화두였다.

학년이 지나고 새로운 사실을 알게 되었다. 학교도 처음이고 기숙사도 처음인 아이들은 낯선 환경에 적응해야 하는 첫 학기가 제일 어렵다. 자연 성적의 부침이 심하다.

기숙사에서 가장 중요하게 여기는 건 단체생활에 적응할 준비가 되어 있는지 여부다. 과제와 시험에 따른 학사관리를 소홀히 하거나 주요 과목을 C학점으로 연속 3학기를 받은 경우는 기숙사를 나가야 한다.

공부를 못해서 퇴학시키는 것이 아니다. 기숙사 하우스마다 사감 선생님, 스페셜리스트, 학교 담임선생님격인 어드바이저리Advisory, 심리상담전문가 선생님들이 있다. 이분들이 학생의 생활태도를 관찰하고 상담한 결과를 토대로 단계별 조치를 한다.

아이가 학교생활에 적응할 의지가 없고 나아지는 모습을 보이지 않을 경우 기숙사 총 사감회의를 거쳐 교장선생님과 부모님 면담을 실시한다. 3회 면담 결과 학교 측으로부터 부적격 판정을 받으면 기숙사 퇴소를 결정한다.

중등 첫 학기라 그런지 엄마들은 신경이 다소 예민해진 듯 여기저기서 학교에 대한 불평을 쏟아내기 시작했다.

초등과 중등이 다르다. 왜 이렇게 숙제가 많은지 아이가 숙제를 자꾸 깜빡해서 C를 받았다고 하더라. 이 학교는 점수를 짜게 주는지 C가 너무 많더라.

이 학교는 학생부 전산시스템으로 '파워스쿨'을 사용하고 있었다. 학적과 출결뿐 아니라 각 학생의 과제와 성적이 교사들을 통해 실시간으로 업데이트 된다. 학생과 부모는 언제 어디서든 온라인을 통해 출결, 성적, 과제에 관한 정보까지 열람할 수 있다.

이야기는 갈수록 이상한 방향으로 흘렀다. 엄마들이 제주도 기숙사에 있는 아이들 숙제 관리를 집에서 해준다는 것이다.

"숙제를 언제까지 해야 되는지 애가 말을 안 해서 그 엄마가 못 챙겼다네요. 그래서 점수가 낮은 거라던데."

나는 귀를 의심했다. 아이 숙제를 왜 엄마가?

내 경험상 한두 번 점수를 낮게 받아보기도 해야 다음에 스스로 일정을 관리할 텐데.

과제를 기간 내에 제출하지 않으면 벌점이 부과되어 점수가 깎이지 않도록 원격 관리하는 엄마들이 적지 않다는 걸 알고 입이 떡 벌어졌다. 그중 한 엄마는 오히려 그런 나를 황당하게 이해할 수 없는 얼굴로 물었다.

　"파워스쿨 온라인에 성적 업로드 된 지 며칠 됐는데, 아직 확인 안 하신 거예요?"

　"네."

　"……. 원래 초등에서 중등 올라가면 바로 성적 안 나온다고 그러더라구요."

　자기들은 다 아는 걸 나만 모르고 있으니 대번 '무신경한 엄마에 공부 못하는 아이'로 우리 모자에 대해 판정을 내린 눈치다.

　"첫 학기잖아요. 너무 걱정하지 마세요."

큰아이의 첫 세계무대 2012 멘사마인드스포츠 올림피아드

"아, 네."

"저, 그런데……. 성적이 어떻게 나왔는지 물어보면 실례겠죠?"

혼자 북 치고 장고 치고, 떡하니 위로의 말까지 건넨 상대가 은근슬쩍 속을 드러냈다.

'애가 얼마나 공부를 못하면 엄마가 이렇게 관심이 없는 거야?'

"학기 끝나면 성적표 우편으로 보내주는 것으로 알고 있어요. 그리고 파워스쿨은 아이디를 까먹어서 잘 안 들어가요."

'헐!'

갑자기 분위기가 뜨악해졌다.

'일하는 엄마라잖아요.'

더 들어볼 것도 없다는 듯 다른 엄마가 우아한 포즈로 자리에서 일어난다.

"행사 시작하려면 시간이 좀 남았는데, 커피라도 마실까요?"

"콜!"

그렇다고 기죽을 내가 아니라 씩씩하게 일행을 따라가는데, 여기서 약간의 반전이 일어난다.

"오! 매튜 어머니. 안녕하세요?"

'매튜? 우리 아들 매튜?'

큰아이 세례명이 마태오, 영어 식 발음으로는 매튜다. 주문을 위해 카페테리아 앞줄에 서 있던 한국계 미국인이 반갑게 인사를 건넸다. 큰아이 기숙사 스페셜리스트 미스터 한이다.

"매튜가 이번에 잘했어요! 성적 아주 잘나왔어요. You must be proud of him"

"아! 예!(살짝 당황했지만, 분명 칭찬이렸다!) Thank you very much."

순간 엄마들의 이목이 까무잡잡한 얼굴의 미스터 한과 내 중간쯤에서 갈피를 못 잡고 흔들렸다고 생각한 건 순전히 내 기분 탓이었으리라.

"우리 애 성적이 잘 나왔다니 가만히 있을 수가 없군요. 오늘 커피는 제가 쏠게요."

핑계 김에 호기를 부렸다. 아이 성적이 잘 나왔다는 것 때문은 결단코 아니다. 무신경한 엄마의 오명을 단 한 방에 떨쳐내고 '엄마가 케어 안 해줘도 혼자 공부 잘하는 아이 엄마'로 승격했으니 기분이 통쾌할 수밖에.

그날 먹은 라떼는 내가 이 세상에 태어나서 지금까지 먹은 커피 중에 가장 부드럽고 맛있었다.

성적도 네 것!

기숙사도 네 것!

그렇게 열심히 부르짖었건만, 역시 난 쿨한 엄마가 못 되는가 보다.

그날 밤, 아이와 함께 잠을 자면서 카페테리아에서 있었던 일을 이야기해주었다.

"공부 잘하는 아들 둬서 엄마 어깨에 힘이 좀 들어갔지. 너무 기분이 좋더라."

"뭘 그런 걸 가지고."

"엄마도 좋은데 넌 얼마나 좋니? 성적이 얼마나 잘 나온 거야?"

나도 모르게 기분이 업 되어 다소 호들갑스럽게 물었다.

"그냥 그래."

과하게 쿨한 내 새끼.

C가 없을 뿐, 올A도 아니고 B도 종종 보이는 평범한 성적표였다.

성적표를 받고 나면 내가 아이에게 꼭 물어보는 말이 있다.

"네 마음에 드니?"

-네 성적에 네가 만족하니?- 라는 뜻이다.

아이는 마음에 든단다. 그럼 된 거다!

"잘했네! 잘했네! 잘했어!"

나는 아이들이 뭔가를 잘하거나 기쁜 일이 있으면 장구 장단에 맞추듯 잘했네! 잘했네! 잘했어! 덩실덩실 춤을 춘다. 이 퍼포먼스를 하면 아이도 나도 같이 웃는다. 행복하다.

사실 아이를 이곳에 들여보내면서 말은 안 했지만, 남편도 나도 걱정이 없진 않았다. 기숙사에 아이를 내려주고 헤어질 땐무슨 말로 아이를 응원해야 좋을지 몰라 선뜻 입이 떨어지질 않았다. 규칙적인 폰 타임과 통제된 IT 이용 시간, 그리고 무엇보다 정해진 기상시간에 일어나 식사시간 운동시간까지 맞춰가며단체생활 규율에 맞춰 움직여야 한다는 얘길 듣곤 마음이 무거울 수밖에 없었다.

생활계획표를 읽어본 남편은 '마치 작은 군대 같다'고 했다.

"가장 중요한 건."

곤혹스러운 작별의 시간, 남편이 먼저 입을 열었다.

"엄마아빠는 너를 믿고 있고 충분히 잘할 수 있는 아이라고 생각하지만, 그 시기가 조금 일러서 적응이 힘들 수도 있다는 거야."

"네."

"제주도와 서울은 그렇게 멀지 않아. 1시간이면 비행기 타고 올 수 있어. 네가 엄마가 보고 싶다고 하면, 당일치기로라도 다녀갈 수 있는 거리야."

"네."

"너는 아직 어리고, 엄마도 기숙사에서 살아본 적이 없어서 네가 얼마나 힘들지 잘 모를 수도 있어. 그러니 언제든지 말만 해. 아무리 좋은 학교라도 다 때가 있는 법이야. 조금 더 커서 오면 되니까 너무 힘들면 집으로 돌아가면 돼!"

내가 하려던 말도 이것이었다. 겉으론 의젓하게 굴어도 속은 아직 어린아이다. 저라고 왜 두려움이 없겠는가.

"힘들면 말해. 언제라도 집에 가자!"

"알겠어요."

끝까지 단답형으로 대꾸하긴 했으나 새로운 둥지를 향해 씩씩하게 걸어가는 아이의 뒷모습이 비로소 나를 안심시켰다.

기숙학교에서 아이들에게 허락된 폰 타임은 하루 60분. 정해진 폰 타임 동안만 전자기기 사용이 허락된다. 이 시간을 이용해서 아이들은 부모와 통화를 하고 그리고 또 게임을 할 수 있다.

아이들 입장에선 스터디홀 시간에 마무리하지 못했던 컴퓨터를 이용한 숙제를 해야 하거나, 하고 싶은 일이 많은 시간이다.

"집에선 매일 숙제 관리하고 시험 일정 확인하는 것만도 바빠서 애가 기숙사에서 어떻게 생활하는지도 물어볼 틈도 없어요."

어떤 엄마들은 폰 타임이 너무 부족한 것에 대한 아쉬움을 토로하기도 한다. 나는 소중한 폰 타임을 그렇게 쓰고 싶지 않았다. 어차피 내 손을 떠난 일이었기에. 아이를 믿고, 나는 내 일을 열심히 하면 된다고 생각했다.

아이가 정해진 시간에 전화를 하면 '엄마는 언제나 나를 기다리고 있다'는 것을 느끼게 해주고 싶었다. 집에서 함께 살 때도 아이들의 전화는 나에게 항상 1순위였다.

아무리 급하고 바쁜 일이 있어도 아이를 기다리게 하고 싶지는 않았다. 그런 이유로 기숙사 폰 타임 전후 시간에 알람을 맞춰놓거나 만나는 사람에게 미리 양해를 구해놓고 아이의 전화를 받았다. 그리고는 최대한 반갑게 톤을 높여서 받는다.

"오, 그래! 엄마 여기 있어!"

무슨 일이든, 지금 어떤 감정이든, '엄마와 통화를 하는 이 순간 너는 안전하다'는 감정의 안전지대를 확인할 수 있도록 말이다.

플레이웰 가면
어른도 잘 놀 수 있을까?

"여자가 많이 배워야 된다."

평소 입버릇처럼 이 말을 하셨던 아버지는 남다른 교육철학을
갖고 계셨다.

'여자도'가 아니라 '여자가.'

남녀평등보다는 여성의 사회적 역할에 방점이 찍힌 이 말이
내겐 참 많은 생각을 하게 만들었던 것 같다. 부모님은 자식들
에게 공부를 강요하시지 않았다.

너는 어떤 직업을 가져라, 무슨 학과에 가라, 진로를 간섭하지
도 않았다.

제 길이다 싶으면 시키지 않아도 본인이 알아서 찾아간다는
것이었다. 덕분에 비교적 자유로운 중학교 시절을 보낸 내가 공
부를 잘하려고 마음먹은 건 순전히 '서울 생활'에 대한 동경 때

문이었다.

초등학교부터 줄곧 우등생이었던 언니가 대학 진학을 위해 집을 떠났을 당시 나는 중3이었다. 학교가 있는 신촌에서 하숙을 했던 언니는 방학을 맞아 집에 내려올 때마다 몰라보게 달라진 모습이었다. 옷차림, 스타일이 점점 세련되어가는 것도 놀라웠지만, 무엇보다도 신선한 충격으로 다가오는 건 그들만의 문화였다.

대한민국 중심에 살지 않으면 경험할 수 없는 이야기를 들려줄 때 언니는 더없이 만족스러운 얼굴이었다.

나 또한 그 세계에 '스며들고' 싶었다.

그런데 어떻게?

이때까지 시험 운이 좋았던지 학교성적이 나쁘진 않았으나 내가 목표로 하는 대학에 도전하기에는 아무래도 아슬아슬했다.

그렇다고 부모님에게 과외공부를 조르고 싶진 않았다.

어떻게 하면 공부를 잘할 수 있을까.

방법을 모르니 내 길은 내가 찾는 수밖에.

마침 친한 친구 중에 우등생이 있었다. 그 친구의 공부법을 따라하면 길이 열릴 것도 같았다.

"공부 잘하는 법 좀 알려줄래?"

단도직입적으로 물었다. 국영수는 어떻게 공부하는지, 암기과목은 어떻게 외우는지.

"어?"

다소 수줍어하는 성격의 친구는 뜬금없는 나의 질문이 당황스러웠던 모양이다. 잠시 대답을 머뭇거리던 그녀가 조심스럽게 말을 꺼냈다.

"난, 뭔가에 몰입할 때 제일 즐거워. 수학 문제를 풀 때가 그래."

"몰입? 집중이 아니라 몰입?"

되묻는 나에게 친구가 권해준 책이 《몰입의 행복》이었는지, 《학문의 즐거움》이었는지는 정확히 기억나지 않는다.

아무튼 나는 친구가 권해준 책을 열심히 읽었다. 천재는 모방의 달인이라 했던가. 그녀가 공부하는 모습을 유심히 관찰해보고 나름 비법이라 생각되는 것들을 따라 하기도 했다. 그리하여 그 책 덕분인지 친구를 잘 따라한 덕분인지 고3 1학기 중간고사에서 나는 전교 3등! 내 인생 최고의 성적을 얻었다. 물론 그 친구는 전교 1등이었다.

뭐든 열심히 하면 되는구나.

자신감에 방점이 찍히는 순간, 나의 열망은 너무나 많은 곳을 향해 열려 있었다. 아마도 이 시기에 제일 많은 책을 읽었던 것 같다. 그리고 나는 또 새로운 꿈에 빠져들었다.

탐험가, 작가, 봉사자, 교사, 그리고 또…….

하나의 꿈에 나를 가두기엔 이 세상이 너무 넓었다.

내게 몰입의 즐거움을 선사한 친구는 서울대를 졸업하고 검사가 되었다.

어느 자리에 있어도 넌 잘해 낼 거야.

언제나 진실한 마음으로 그녀를 응원했다. 그만큼 영리하고 성실한 친구였다. 대학을 졸업하고는 가끔 연락을 주고받았으나 서로 바쁘다는 이유로 좀처럼 얼굴 볼 기회가 없었다. 아이들 학원 근처인 서울지검에 발령받았다는 소식을 듣고도 늘 봐야지, 봐야지, 마음뿐이었다.

"잠깐 볼래?"

어느 날 그녀가 전화를 해왔다. 일하다 잠시 시간이 났다는 목소리에 다소 무거운 여운이 깔려 있었다. 이럴 땐 무조건 만나는 게 친구다. 만사를 제쳐두고 튀어 나갔다.

우리는 남부터미널 광장에서 만나기로 했다. 멀리서 일명 바바리코트를 휘날리며 걸어오는 그녀의 모습에서 나는 걸 그룹 소녀시대의 멤버 수영을 떠올렸다. 실상 그녀는 언뜻 보기에도 수영과 많이 닮았다.

"누가 보면 강남에 소녀시대가 뜬 줄 알겠다! 검사님이 이렇게 입으니 제법 멋진 걸?"

반가운 마음에 덕담을 건넸더니 친구가 씁쓸하게 웃는다.

"요즘 소녀시대를 뭐라고 하는 줄 아니?"

"어?"

"소처럼 일하는 여자시대."

"엥?"

"그 왜 있잖아. 영화 〈워낭소리〉에 나오는 소."

아~. 검사 일이 빡세다더니. 많이 힘든가보다.

문득 나는 할 말을 잃었고, 친구는 멀리 하늘을 보았다.

"난 죽어라 공부만 하고 살았는데, 소처럼 일만 하다 늙어 죽을 것 같아. 평생 연애도 못하고……."

말끝을 흐리다 말고 친구가 웃었다.

"너희 연구소는 어른도 받아주니?"

"(학부형 상담을 하긴 하는데,) 왜?"

"난 놀아본 적이 없어서 노는 방법을 몰라. 너희 연구소 이름이 플레이웰이라며?"

"어! 맞아, 플레이웰……."

"나도 플레이웰하고 싶다. 이제라도."

그러고 보니 내 친구 많이 지쳐 보인다. 실은 나도 그랬다. 아이들 보곤 놀아라, 놀아라, 펑펑 놀아라! 주구장창 외쳐도 정작나는 '플레이웰' 해본 게 언젠지도 모르겠다. 늘어지게 한숨 푹자본 게 언젠지도 모르는데 플레이웰이라니!

어른을 위한 놀이 프로그램 한 번 짜 봐?

친구와 헤어져 연구소로 돌아오는 길에 불현듯 싱거운 생각이들었다. 그러다 또 진지하게 뭔가를 떠올리는 나.

싱거운 게 아니지!

어른도 놀 시간이 필요해.

'이제라도.'

21세기의 경쟁력,
스토리텔링

"난 꼭 이 학교에 다니고 싶은데."

제주 KIS 학교 투어를 하고, 입학시험을 보는 날, 교정을 한 바퀴 돌아보고 나오는 길에 아들이 말했다.

"만약 떨어지면 어떡해요?"

"넌 꼭 붙을 거야."

"왜요?"

"될 때까지 할 거니까."

번역하자면, '네가 이 학교를 원한다니 엄마는 끝까지 밀어줄 생각이야.' 라는 뜻이었다.

"?"

애매한 표정을 짓는 아들에게 친절하게 설명을 덧붙였다.

"대신 돈은 좀 더 들겠지?"

"???"

"왜 그런지 계산해볼까?"

나는 원서 한 번 쓰는데 들어가는 비용이 얼만지 알려주었다. 그랬더니 아들이 혼자 중얼거리는 말.

"그럼 한 번에 붙는 게 낫겠네."

며칠 뒤.

"쫄지 말고, 인사 잘하고."

"넵."

면접장으로 향하면서 아들과 내가 나눈 대화는 딱 이 한마디였다. 대기실 안에선 경직된 표정의 아이들이 열심히 뭔가를 중얼대고 있었다. 예상 질문지를 만들어 와선 답을 외우는 중이다.

이 와중에도 아들은 옆에 있는 부산 출신 친구와 캐나다에서 온 친구를 붙잡고 말을 걸었다고 한다. 원래 말수가 많은 편은 아닌데 레고와 체스 세계대회에 몇 번 참가한 뒤론 낯선 만남에 대한 거부감이 없어진 것이다.

"난 서울에서 왔는데 너희들은 어디서 왔니?"

아들은 자신이 먼저 영어로 말을 걸자 부산 아이는 긴장했던지 몇 마디 나누다 대화를 포기하고, 캐나다 아이와는 편안하게 이야기를 나눌 수 있었다며 학교생활에 대한 기대감을 나타냈다.

나중에 알게 된 사실이지만 면접에서 주의 깊게 보는 장면은 바로 이 대기실이라고 한다. 서로에 대해 알지 못하는 아이들끼리 영어를 소통의 도구로 얼마나 자연스럽게 활용하는지 지켜본다는 것.

"면접관 선생님과 이야기하면서 떨리진 않았어?"

"별로 안 떨리던데요."

인터뷰를 마치고 나온 아들은 표정이 무척이나 담담하다.

"뭘 물어보셨는데?"

"채드윅이나 다른 보딩스쿨을 지원해도 될 텐데 왜 이 학교를 지원했냐고 물으셨어요."

'이 아이가 그만한 실력은 갖췄다는 얘긴가?'

"그래서, 뭐라고 했는데?"

"친한 친구가 여길 다녀서 지원했다고 했죠!"

'으이그! 과하게 솔직한 녀석.'

영혼 없는 답보다 그런 솔직함을 높게 평가한 걸까. 스스로 장담한대로 아이는 한 번에 붙었다.

포장된 언어는 티가 나기 마련이다. 고급진 영어, 화려한 수사는 학교에 가서 배워도 늦지 않다. 중요한 건 소통 능력이다. 그점에서 아들은 내가 봐도 합격점이었다. 역시 레고와 체스를 가르치길 잘했다는 생각이 든다.

BCC 캐나다에 다니는 5년 동안 아들은 선행학습을 위한 학원에는 다녀본 적이 없다. 다른 아이들은 자연스럽게 영어로 공부하겠다는 생각으로 이 학교에 다니면서도 개인 튜터 선생님에게 과외수업을 받거나 혹은 한국 교과과목을 가르치는 학원을 다녔다.

다른 아이들이 학원 갈 시간에 아들이 한 거라곤 종종 레고와 체스를 즐긴 것뿐이다. 단, 숙제는 꼭 하라고 가르쳤다.

레고는 혼자도 할 수 있지만 팀을 이뤄 즐길 수 있을 때 더 큰 시너지 효과를 발휘한다. 타인과의 소통을 통해 더 많은 배움을 얻는 게 레고의 장점이다. 게임을 즐기는 단계가 높아질수록 공간에 대한 이해는 물론 수학과 과학, 물리적 개념에도 눈을 뜨게 된다.

전 세계 약 7억 명이 즐기는 체스는 사고력을 겨루는 게임이다. 매순간 자신과 상대의 수를 두고 치열한 두뇌 싸움을 벌인다. 어떤 상황이든 경우의 수를 염두에 두어야 한다. 자신의 말을 움직일 때 상대방이 어떤 반격을 가할지도 미리 계산하고 있어야 한다.

초등학교 저학년 시기부터 레고 국제대회에 참여한 경험 덕에 영어에 대한 부담감이 적은 아들은 타인과의 소통을 즐기는 아이로 성장했다. 예술 방면에도 관심이 많고 무엇보다 사물에 대한 호기심이 많다. 현재 이 아이의 관심사가 미래에 어떤 모습으로 연결될지는 알 수 없다. 그것이 무엇이든 놀이가 그 바탕에 있으리란 것만은 분명하리라.

레고는 그 자체가 상상력의 산물이다. 레고 브릭으로 만들 수 있는 예술 작품은 무궁무진하다. 영화, 애니메이션, 팝 아트 등 현대예술의 각 장르에서 레고는 특별한 영감의 소재로 쓰이고 있다. 2001년 스티븐 스필버그 감독 사단에서 만든 무비메이커 세트를 시작으로 세계적인 영화 제작자들이 레고를 활용한 작품들을 선보이고 있다.

데이빗 파가노가 그중 한 사람이다. 어릴 때부터 레고를 가지고 노는 게 유일한 낙이었던 그가 레고 브릭을 완벽한 스토리텔링의 도구로 인식하게 된 건 중학생 때였다.

이후 뉴욕대학교에서 애니메이션을 전공한 파가노는 텔레비전 드라마 시리즈 〈서드 앤 버그〉, 2008년 레고 그룹이 미니 피겨 탄생 30주년을 기념하며 출시한 애니메이션 〈미니맨 힘내라 힘!〉 등 기념비적인 작품 제작에 참여하며 전 세계에 이름을 알렸다.

우리 아이들은 무엇보다 스토리텔링이 중시되는 시대에 살고 있다. 어린 시절의 풍부한 놀이 경험은 스토리텔링의 무궁무진한 소재가 될 수 있다. 나는 그 도구로써 레고를 사용할 뿐이다. 아이가 좋아한다면 그것이 어떤 놀이라도 상관없다.

대한민국의 빡빡한 교육현실에서 청소년 자녀를 둔 엄마들에게 어쩌면 이 말은 공허하게 들릴지도 모른다. 돌아보면 이런 지옥이 따로 없다. 학교 성적이 평생의 운명을 좌우한다고 믿는 이상 아이는 아이대로 지치고 엄마는 엄마대로 홍역을 앓기 마련이다.

스페인어로 케렌시아Querencia라는 말이 있다. 투우사와 격렬한 싸움을 벌이던 소가 지쳐 쓰러지기 직전, 잠시 싸움을 멈추고 자리를 이동하여 휴식을 취하도록 허락된 짧은 시간 마지막 힘을 모으기 위해 머무는 그곳이 케렌시아다.

이때는 투우사도 공격을 멈춘다. 누구에게도 방해받지 않고 에너지를 재충전하는 혼자만의 평화로운 안식처 케렌시아.

그렇게 잠깐의 시간 휴식을 취한 투우는 다시 온 힘을 모아 투우사를 향해 달려간다.

공부에 지친 자녀들에게 하루 한 번쯤은 그들만의 케렌시아를 허락해주면 어떨까?

시험 얘기, 공부 얘기 대신 잠깐이라도 저 하고 싶은 걸 즐기라고 말해주자.

그래야 엄마도 살고 아이들도 산다.

국제학교에 대한
오해와 진실

승부에 목을 매는 엄마 앞에서 아이들은 단지 게임에 졌을 뿐인데도 인생 전체가 실패한 것처럼 느낀다. 이겨야만 부모에게 사랑받는다고 느낀다면 그 내면은 얼마나 황폐할 것인가.

모든 아이들은 존재 자체로 충분히 사랑받을 자격이 있다. 간혹 텔레비전에서 심각한 뉴스가 흘러나오면 더욱 더 그런 생각이 든다.

"다 필요 없다, 오래오래 같이 살자. 공부 잘하고 일등해서 서울대, 하버드를 가면 뭐하겠니. 다치고 아파서 하늘나라로 가버리면 다 소용없다. 그냥 같이 살기만 하자! 아파도 되고 다쳐도 되는데 우리 딸 살아만 있으면 엄마는 좋아!"

공연히 감정이 격해져 딸아이를 와락 껴안았다. 아이는 오글거린다고 손사래를 치지만, 그렇게 이 세상에 존재하는 것만으로도 엄마의 기쁨이 된다는 것을 알게 하고 싶었다.

나는 부모자식 간에도 이런 고백의 시간이 필요할 때가 있다고 생각한다. 물론 의식적으로 거리를 두는 척해야 될 때도 있으리라.

요즘 엄마들은 스마트폰이나 태블릿 PC 사용을 걱정하지만, 내가 두 아이를 키울 때는 TV 등 지나친 영상 노출을 걱정하는 분위기였다. 아동학을 전공한 사람으로서 남매의 영상중독을 걱정하지 않았다면 거짓말이다.

낮 동안 엄마와 떨어져 있는 아이들이 어떻게 시간을 보내는지 자세히 알 순 없었다. 나는 막연히 불안해하기보다 아이들의 환경을 통제하는 방법을 택했다. 우선 거실에 TV를 없애고 책장을 놓았다. 아이들 눈높이에 좋아하는 그림책을 놓아주고, 언제든 쉽게 꺼내 쓸 수 있도록 자주 손이 가는 곳엔 미술도구를 놓았다.

세계대회 첫 출전을 마치고 돌아왔을 때부턴 영어 교육에 신경을 썼다. 나는 이때 국제무대에 참가한 아이들이 자신들이 준비한 작품을 심사위원들에게 제대로 설명하려면 최소한 팀원 중 한 명은 영어에 익숙할 필요가 있다는 걸 느꼈다.

내 아이만이라도 먼저 영어를 잘할 수 있게 준비시키자.

큰아이가 네 살 때였다. 아이들을 돌봐주시는 이모님이 복잡한 기계작동을 어려워하셔서 비교적 단순한 카세트테이프와 CD를 틀어주도록 부탁했다. 큰아이는 오디오 프로그램으로 책을 읽게 하고, 동요 듣기를 좋아하는 작은아이는 언제나 CD를 들을 수 있도록 했다.

솔직히 나는 시간을 정해놓고 뭔가를 꾸준히 하는 성격이 못 된다. 집에서 매일 규칙적으로 오디오를 듣게 하고, 아이들 이모의 추천으로 홈스쿨 영어를 시작했지만 하루하루 쌓여만 가는 교재가 시간이 지날수록 나에게 큰 부담이 되었다.

엄마가 아이들 스케줄에 맞출 수 없다면 아이들 스케줄을 엄마한테 맞추는 수밖에.

이때부턴 가급적 한글 자막이 없는 영어 비디오를 보게 했다. 수많은 디즈니 애니메이션 명작-〈신데렐라〉, 〈라푼젤〉, 〈미키와 미니〉, 〈다이너소어〉, 〈라따뚜이〉, 〈마다가스카르〉, 〈슈렉〉, 〈푸〉, 〈미녀와 야수〉, 〈알라딘〉, 〈인어공주〉, 〈라이언킹〉, 〈타잔〉, 〈벅스라이프〉, 〈몬스터주식회사〉, 〈앤츠〉, 〈인크레더블〉, 〈니모를 찾아서〉, 〈포카혼타스〉, 〈토이스토리〉- 그리고 〈리틀 베어〉, 〈까이유〉, 〈아서〉, 〈맥스앤 루비〉, 〈아인슈타인의 모험〉 등의 외화는 물론 〈뽀로로〉도 영어판으로 틀어주었다.

처음부터 호흡이 긴 디즈니 애니메이션을 바로 본 것은 아니다.

지금은 유튜브나 넷플릭스 등 인터넷 연동 프로그램이 많아서 무엇을 골라야 할지 더 어려울지 모르겠지만, 그때 당시 엄마표 영어로 유명한 몇몇 사이트잠수네, 쑥쑥닷컴 등를 섭렵하며 마더구스, 노부영노래 부르는 영어동화, 런투리드, ORTOxford Reading Tree 등으로 영어를 친숙하게 노출시킬 방법을 찾았다.

10~15분 정도의 짧은 에피소드로 이루어진 〈리틀베어〉, 〈까이유〉는 여러 번 반복해서 아이들과 함께 보았다. 자극적인 내용이 없고 스토리 흐름이 잔잔한 〈리틀베어〉 시리즈를 선택하게 된 것은 큰아이와 작은아이가 같이 볼 수 있었기 때문이다. 따뜻한 그림과 잔잔한 음악이 마음을 편안하게 하는 〈리틀베어〉는 내게도 의미가 깊었다.

나는 엄마 아빠가 〈리틀베어〉를 대하는 양육방식에 깊이 공감했다. 아이들의 사회성 발달에도 긍정적인 영향을 미쳤으리라. 작은아이가 세 살이 되기 전까지 같은 시리즈물 DVD를 반복적으로 틀어주었다. 많은 에피소드들로 이루어진 〈리틀베어〉와 〈까이유〉는 우리 가족 인생 DVD가 되었다.

영어 DVD에 노출이 많이 된다고 바로 아이들 귀가 틔어 영어로 말하지는 않는다.

꾸준하고 지속적인 노출의 연장선상에서 아이 자신이 영어로 소통하고 싶은 마음이 들도록 영어를 실제로 사용하는 현장이 필요하다.

큰아이가 다섯 살 때, 유치원에 입학하고 나서다. 그날 우리는 마트에 장을 보러 갔다. 아이가 카트 앞에 떨어진 뭔가를 발견하곤 뭐라 중얼거리더니 그것을 손에 꼭 쥐었다. 보석처럼 생긴 작은 단추였다.

아이가 그것을 줍고 나서 또 중얼거렸다.

"Finders Keepers(찾으면 임자)!"

〈리틀베어〉에서 등장인물들끼리 뭔가를 먼저 찾으면 외치는 소리였다. 순간적으로 영어 말문이 터진 것이다.

영어 학습지와 홈스쿨용 교재들을 부지런히 챙기지 못한 엄마의 자책감이 싹 사라지는 순간이었다.

나는 이렇게 영어를 배우지 못했다. 내 아이는 영어를 문화로 소통의 도구로 배웠으면 좋겠다는 바람이 절실했건만, 내 방법이 틀리지 않았다는 확신이 들었다.

당시 영어유치원이 폭발적인 인기를 끌고 있었다. 영어몰입교육 정책과 글로벌시대 아이들 교육방식으로 영어가 뜨거운 감자로 떠올랐다. 큰아이가 다니는 유치원은 영어유치원이 아닌 일반유치원이었다. 아이들의 창의성을 중요하게 생각하는 레지오 에밀리아 접근법을 쓰는 프로그램은 만족스러웠으나, 아이가 영어로 직접 말하고 듣고 뭔가를 해보는 그런 시간이 필요한 때였다.

자녀교육 관련 도서를 읽어보면, 외국아이들과 친구가 되게 하려고 외국인 방문객이 많은 용산 전쟁기념관이나 그 동네 놀이터에 아이를 데려간다는 이야기를 흔히 접할 수 있다. 가족끼리 자연스럽게 만나 친구가 되는 것이라면 몰라도, 그 일이 내게 우선순위가 될 순 없었다.

대신 영어 책을 판매하는 세종서적이나 키다리 영어숍에 아이들을 위한 영어수업이 있다는 것을 알았지만 매주 시간을 내기가 어려웠다. 그렇다고 특정한 외국인을 만나거나 하는 것도 아니고……. 의사소통을 위한 도구가 영어가 되는, 자연스러운 영어노출 경험을 어떻게 하게 해줄 수 있을까? 영어유치원만이 답일까.

하루는 동네를 돌아다니다 집 앞 상가 오피스텔에 '밀크잉글리쉬' '놀이영어'라고 써 있는 작은 현수막을 발견했다.

밀크잉글리쉬는 음악, 미술, 무용, 연극 등 예술 활동을 중심으로 이루어진 프로그램이다. 영어로 표현하고 싶은 충동을 느끼게 하는 게 가장 중요하다는 철학을 가진 Dr.Su 선생님의 조그마한 연구소는, 그야말로 아이가 중심이 되어 놀이로 영어를 배우는 곳이었다.

큰아이는 일주일에 두 번 유치원을 마치고 밀크잉글리쉬에 가서 놀았다. 그때 한 놀이가 지금은《우리 집은 영어 창의력 놀이터, 이수정》이라는 책으로 나와 있다.

그러다 뜻밖의 상황이 벌어졌다. 오빠와 떨어지기 싫었던지 딸아이가 자기도 밀크잉글리쉬 수업에 따라 들어가겠다고 떼를 쓰는 것이다. 운 좋게 원 측의 배려로 딸아이를 위한 오전 밀크반이 따로 만들어졌다. 일종의 원 플러스 원 혜택을 입은 셈.

책 속에 있는 큐알 코드를 찍어보면 우리 둘째가 노는 동영상도 튀어나온다.

큰아이가 여섯 살이 되면서 센터와는 조금 떨어진 곳으로 이사를 해야 했다. 다니던 유치원은 마치게 해주려고 라이딩으로 졸업시켰다. 그리고 나니 곧바로 닥칠 다음 일곱 살 때가 걱정이었다. 주변 선배맘들은 진작부터 영어유치원을 권했지만 패스했다. 아무래도 보낼 유치원이 마땅치 않았다.

그러던 와중 몇몇 학부형들로부터 영어로 공부하는 초등학교 이야기를 들었다.

영어 대안학교.

나는 모든 면에서 가성비를 중시하는 편이다. 나름 계산기를 두들겨 본 결과 투자 대비 효용 가치가 충분하다는 판단이 섰다. 일단 '오전 7시 반에 스쿨버스를 타고 가면, 오후 4시 반에 스쿨버스에서 내린다'는 조건이 마음에 들었다.

아직 버스로 통학을 하기에는 어려서 안쓰러운 마음이 들기도 했지만, 방과 후 영어학원에 따로 다니지 않아도 된다는 점- 놀이식 영어학원이든, 혹은 학습위주의 영어학원이든 초등저학년에 영어에 지속적인 노출이 이루어져야 한다는 생각은 변함없었기에, 내가 그것을 위해 뭔가를 직접 할 수 없다면 아이들의 환경을 통제하는 방식을 선택했다. 물론 비용이 발생하지만- 어린 둘째 데리고 길바닥에서 아까운 시간을 허비하지 않아도 된다는 점에선 경제적인 이점이 훨씬 많았다.

BC오프쇼어 교육은 캐나다 BC British Columbia 주 교육과정 그대로 운영된다. 커리큘럼뿐 아니라 수업 역시 캐나다 정교사 자격을 가지고 있는 선생님들이 직접 담당함으로써 양질의 교육을 제공한다. 현재 중국, 태국, 이집트의 카이로 등 세계 각국에 BC오프쇼어 교육이 있다. BC주 교육부가 정기적으로 감사단을 파견해 교육과정과 교사들에 대한 심사를 함으로써 교육의 질을 유지하는 것으로 유명하다.

학교에 가보니 세 살 때 영어놀이학교를 시작으로, 부모들 인터뷰 결과를 가지고 영재 여부를 판별하여 입학할 수 있다는 영어유치원까지 5년 넘게 영어를 배우고 왔다는 아이들 천지였다. 기초 실력 정도의 준비만 되어 있는 아이들은 기존 학부형들 텃세에 못 이겨 학교를 옮기는 일도 종종 있었다.

큰아이가 그들이 말하는 정통(?) 영어유치원 출신이 아니기에, 혹시 뒤처지진 않을지 걱정이 들기도 했다.

"여긴 영어를 모국어처럼 하는 애들 천진데, 저 애는 영어유치원 몇 달 다닌 게 전부라면서요?"

"괜히 우리 애들까지 피해보면 어쩌죠?"

내로라하는 고관대작 사모님과 재벌가 며느리들이 뒤에서 노골적인 불평을 쏟아냈다. 꼭 우리 아이를 두고 하는 이야기인 것처럼 들렸다. 하지만 나는 그들이 무슨 말을 하든 귓전으로 흘려들었다.

내 아들도 다른 아이들처럼 시험을 쳐서 이 학교에 입학했다.

국제학교 문턱이 높다는 건 특권의식을 가진 일부 학부형과 돈에 눈먼 교육 장사치들이 만들어낸 허상일 뿐이다. 그래봤자 초등학교다. 영어로 학습이 가능하기만 하면 누구든 입학에 필요한 조건은 갖춘 셈이다.

큰아이는 영어로 읽고 쓰고 수업하는 것에 아무 문제가 없었다. 입학한 지 한 달 만에 학업성과가 우수한 학생에게만 주는 아카데미상을 받는 걸 보곤 학부형들도 더 이상 뒷말을 하지 않았다. 그리고 초등학교 5년차에 KIS Korea International School에 입학했을 땐 불평이 부러움으로 바뀌기도 했다.

물론 다 그렇다는 건 아니다. 국제학교에 아이를 보내는 학부형들 중엔 순수한 교육적 목표를 우선순위에 두고 학교를 선택한 경우가 더 많다.

제주도에 위치한 KIS는 미국 최고의 AP 프로그램으로 운영되는 한국 공립 국제학교로 입학생 선발 기준이 까다롭기로도 정평이 나 있다. 그만큼 경쟁률도 치열하다.

"어떻게 그리 빨리 아이를 KIS에 들여보낼 수 있었는지 궁금해 하는 엄마들이 많던데, 좋은 학원 있으면 소개시켜 주세요."

"개인교습은 얼마나 시키셨나요?"

"컨설팅은 어디서 받으셨어요?"

초등학교 학부형 모임에 가면 늘 듣는 질문이다. 진학 시즌이 되면 대치동에선 엄마들이 더 바쁘다. 오죽하면 아이의 성공은 돈 많은 할아버지와 엄마의 정보력이 좌우한다는 말이 나돌겠는가.

어느 학원이 잘 가르친다더라는 건 끼리끼리만 공유하고 진학 정보도 쉬쉬한다. 좋은 건 내 아이부터, 괜히 이 사람 저 사람 알아서 좋을 거 없다는 심리 이면에는 자기 자식이 경쟁에서 밀려날까봐 전전긍긍하는 불안감이 내재되어 있다. 씁쓸하지만 그게 이 바닥 생리다.

사실 나는 제주도에 영어교육특별도시가 만들어질 때부터 알고는 있었지만 특별히 KIS에 관심을 두지는 않았다. 먼저 이야기를 꺼낸 건 큰아이였다. 또래 친구가 입학시험 치른 얘길 하면서 자기도 같이 다니고 싶다는 것이었다.

입학설명회에 참석해서야 엄마들이 쉬쉬한 이유를 알 수 있었다. 같은 국제학교라도 KIS는 한국학제에 맞춰 운영되기 때문에 5년차에 전학해서 한 학년을 더 다니면 국내에서 초등학교를 졸업한 것으로 인정받는다. 또한 재학기간 내에 국어와 사회, 한국사 프로그램을 일정 시간 이수하면 검정고시 없이 고교 졸업 자격이 주어지므로 국내 대학이든 외국 대학이든 선택의 폭을 넓힐 수 있게 된다.

이런 이점들 때문에 자녀를 조기유학 보내는 것보다 낫다고 판단한 엄마들이 소리 소문 없이 제주로 몰려든 것이었다.

KIS는 영어 면접이 큰 비중을 차지한다. 입시 브로커나 컨설팅업자들이 끼어들기 좋은 대목도 이 부분이다. 어떤 엄마가 이

학교 입학을 위해 무려 천만 원 가까운 컨설팅 비용을 들였다는 얘길 듣곤 기함을 할 지경이었다.

내 경험상 컨설팅업자가 가르친 대로 예상 답변을 달달 외우고 면접에 들어간다고 해도 그것은 아무 쓸모가 없다. 뛰는 놈 위에 나는 놈 있다. 면접관들이 아이들의 가짜 스펙을 짚어내는 방법은 간단하다. 누구나 할 수 있는 빤한 대답이 아닌 그 아이의 진짜 자기다움을 드러낼 수밖에 없는 돌발 질문으로 영어 실력을 평가하는 것이다.

그런 줄도 모르고 소위 '면접 족집게 선생'에게 돈을 갖다 바치는 엄마들 이야기를 들으면 내 속이 다 탄다. 그럴 시간 있으면 영어로 편안하게 자기 이야기를 하는 연습을 시키는 게 백번 낫다고 말해주고 싶다.

천하에 둘도 없는 족집게 선생도 그 아이 마음속에 있는 이야기를 끄집어내줄 순 없다. 면접은 말 그대로 얼굴을 맞대고 대화하는 자리다. 정해진 모범답안 따위는 애초에 존재하지 않는다.

나는 누구인지, 뭘 좋아하는지, 지금 어떤 생각을 하고 있는지, 대화의 주제에 따라 자신을 표현할 수 있을 정도의 영어 실력이면 충분하다.

놀아라,
펑펑 놀아라

두 아이를 키우면서 굳이 해외 유학을 염두에 두진 않았다. 국내대학에 진학하든 해외로 나가든 그건 나중에 저희들이 선택할 몫으로 남겨두었다.

딸아이는 초등학교 저학년까지 제 오빠와 같은 BCC 캐나다에 다녔다. 남매를 다른 학교에 다니게 할 수 없었던 게 가장 큰 이유였다.

이 학교는 아쉬운 게 한 가지 있었다. 역사 시간에 우리 역사가 아닌 캐나다 역사를 가르친다는 점이다.

나는 세계화보다 중요한 건 한국인으로서의 정체성 확립이라 생각한다. 내 아이들을 자신의 뿌리도 모르고 영어만 잘하는 '검은머리 이방인'으로 키우고 싶진 않았다.

큰아이가 5학년 되던 해, 학부형들끼리 장관 청문회 이야기를 했다.

"자녀들을 한국의 교육제도권 안에서 키우지 않고 조기유학이나 위장전입 등으로 위화감을 조성했다는 이유로 국회의원들한테 혼쭐나는 걸 보니 섬뜩한 생각이 들더군요."

"왜요?"

"우리 애가 나중에 교육부 장관이 될지 대통령이 될지 어떻게 알아요? 커서 괜히 문제가 될 수도 있겠다는 생각이 드네요. 대안학교는 정식 졸업장도 없으니 말이에요."

청문회로 연일 매스컴이 떠들썩하던 때였다. 초등학교 졸업장이 별것 아니라도 국내 제도권 안에서 공부했다는 증거를 남겨주고 싶다는 말이 예사롭게만 들리지 않았다.

BCC 캐나다에도 중등과정이 있지만 한국 제도권 안에서 인정받으려면 검정고시를 따로 봐야 되는 번거로움이 따랐다. 딸아이를 전인교육을 중시하는 사립학교에 전학시킨 건 우리 역사를 배우게 하려는 마음이 컸지만 이런 이유도 한몫했다.

얼마 전, 딸아이 학교에 행사가 있어 갔던 날이다. 집으로 돌아오는 차 안에서도 친구들 이야기에 열을 올리는 딸에게 별생각 없이 물었다.

"그 친구들은 공부 잘하니?"

"어떤 공부?"

되돌아온 물음에 아차 싶었으나 때는 늦었다. 곧바로 아이가 정곡을 찌른다.

해리초 재능기부 봉사 캠프의 즐거운 한때

"○○는 영어를 잘하고, ◇◇는 음악을 잘해."

애초부터 질문이 잘못된 것이었다. 고정관념의 틀 안에 아이들을 가두고 비교하거나 평가하지 말자고 수없이 외쳤건만 내 입에서 그런 말이 나왔으니 대답이 궁할 수밖에.

이 와중에도 '내가 자식을 잘 키웠구나' 어깨가 으쓱해지는 건 또 무슨 조홧속인지.

사립학교를 귀족학교라고 하지만 누군가에겐 꼭 그렇지만은 않을 것이다. 특히 나처럼 아침 일찍 나갔다 저녁 늦게 돌아올 수밖에 없는 직장맘 입장에선 나름 합리적인 선택일 수도 있다는 생각이다.

딸아이는 학교에 대한 자부심이 남다르다. 전학 간 학교에도 필독서 목록이 있지만 구태여 영어 원서만 읽으라고 강요하지는 않는다. 번역본이나 한국 도서 중에서 골라 읽으면 된다. 내가 돕는 건 도서목록에서 본인이 원하는 책을 주문해주거나 책방에 데려가는 일 정도다. 이후로는 책 읽는 속도가 훨씬 빨라지고 어휘력이 몰라보게 발전하는 걸 느낄 수 있었다.

제 마음이 내키면 영어 원서도 찾아서 읽곤 한다. 가끔 원서를 많이 읽은 아이들에게 주는 상을 받아오기도 했다. 신통하게도 이 아이는 무리하지 않고도 학습하는 방법을 깨우친 듯하다. 억지로 스펙을 만들어주지 않아도 할 게 많은 아이라 부모로선 별 걱정이 없다. 본인이 원한다면 소위 명문학교 도전도 무리가 없을 것이다.

올 여름엔 압구정 플레이웰 라운지에서 4박5일간의 레고 & 체스 캠프가 열렸다. 캠프 마지막 날, 미래의 자신은 어떤 모습일지 이야기하는 시간이 있었다.

이때 딸아이가 진지하게 꺼낸 말이 걸작이다.

"저는 미래가 빨리 오지 않았으면 좋겠어요. 왜냐면 더 놀고 싶으니까요!"

누가 놀선생 딸 아니랄까봐.

딸아이는 뮤지컬 배우를 꿈꿨다가 드라마 작가를 꿈꿨다가, 하고 싶은 것도 많고 되고 싶은 것도 많다. 방학 땐 유튜브에 빠져 사느라 독후감 숙제가 17권이나 밀렸다.

다른 엄마들이 알면 기함을 하겠지만 그 와중에도 나는 기뻤다. 아이가 직접 고른 도서목록에서 학창시절 감명 깊게 읽었던 고전을 발견했기 때문이다.

아이들은 놀아야 큰다. 이 엉뚱 발랄한 아이가 훗날 어떤 모습으로 자라든 그 성장의 원천에는 놀이가 있었음을 스스로 기억할 날이 오리라 믿는다.

빌 게이츠는 말했다. 때때로 엄마의 선물이 자식의 삶을 바꾼다고. 내게는 친정엄마의 편지가 그런 거였다. 간혹 길을 잃고 방황할 때, 얼어붙은 마음을 다독여주던 장문의 편지가 나에게 또 다른 길을 열어주곤 했다.

"그래, 놀아라, 놀아. 펑펑 놀아라!"

내가 딸에게 줄 수 있는 선물은 이것이다. 모든 아이들은 놀이에 목말라 있다. 10분 동안만 실컷 놀라고 해도 카타르시스를 느낀다. 그만큼 공부 스트레스가 심각하다는 얘기다.

어떻게 하면 내 아이를 글로벌 인재로 키울까 노심초사하는 엄마들에게 한 박자만 쉬어가도록 권하고 싶다.

아이들은 엄마가 '실컷 놀아라'고 한마디 해주는 것만으로도 상상 이상으로 행복해한다. 아이들에겐 엄마의 이해가 최상의 선물이기 때문이다.

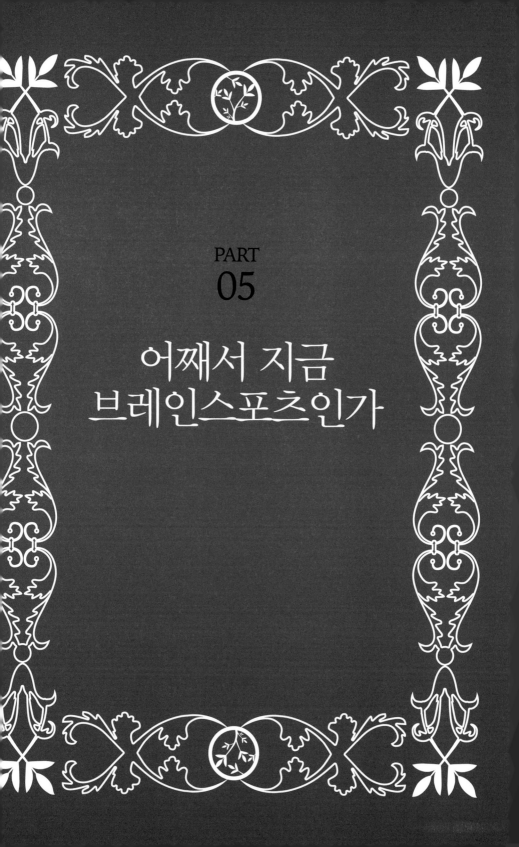

PART
05

어째서 지금
브레인스포츠인가

뇌의 창문을
활짝 열어주는 놀이

"놀쌤! 감사해요."

2018 12월 어느 날, 과학영재고등학교 합격 소식을 들고 민준이가 플레이웰을 찾았다. 유치원 가기 전부터 레고와 함께 큰 아이가 우리나라 과학발전을 이끌 핵심 인재들에게만 허락된 어려운 관문을 무사히 통과한 것이다.

민준이가 내년도에 입학할 학교는 전국 단위로 학생을 선발한다. 그런 만큼 지원 자격부터 면접에 이르기까지 대학입시 못지않게 혹독한 심사과정을 거쳐야만 한다.

우선 학교장으로부터 수학, 과학 분야에 탁월한 재능을 인정받은 학생에 한해서만 지원 자격이 주어진다. 다음은 면접과 에세이.

심사관들이 주요 평가기준으로 삼는 건 학습능력과 자기 표현력이다.

과학영재로서 첨단기기를 능숙하게 다룰 만한 자격이 되는가, 현재까지 쌓아온 재능을 토대로 미래의 가치를 창출할 준비가 되어 있는지 여부가 합격, 불합격을 가른다.

학생은 에세이와 면접을 통해 나는 무엇을 가지고 있는지, 그 것이 어떻게 나의 꿈과 연결이 되었는지, 그 꿈을 이루기 위한 나의 열정은 어느 정도 깊이와 넓이를 지녔는지를 설득력 있게 전달할 수 있어야 한다.

이름만 가리면 누가 누군지 모를 천편일률적인 에세이로는 심사관들을 감동시킬 수 없다. 지원 자격이 까다로운 만큼 성적 부문에서 점수가 비슷한 경우가 빈번하기에 자신의 경험과 스토리 등 능력을 말과 글로 표현할 줄 아는 게 상당히 중요한 몫을 차지하는 것.

민준이는 레고 이야기만으로도 신선한 소재가 차고 넘쳤다. 플레이웰 K.F.C. 팀에 들어와 국내외 대회를 준비하면서 스스로 깨우친 지식과 성찰, 각국의 친구들과 교류하면서 배운 점, 그리고 레고 동아리 친구들과 봉사활동하면서 배운 점까지, 자신은 이 학교에 들어와서 하고 싶은 공부를 위해 어떤 준비를 했으며 장차 어떤 포부를 가지고 있는지 등등, 체험에서 우러나온 에세이는 심사관들의 공감을 얻기에 충분했다.

마지막 3단계 통과 여부는 영재성 다면평가를 위한 캠프에 달려 있다. 소통과 경청, 화합, 협업의 능력을 핵심가치로 하는 글로벌 세상에서 '나 홀로 천재'는 설 자리가 많지 않다. 캠프는 그가 세계적인 인재로 성장할 수 있는 자질을 갖췄는지 분석하기 위한 최종 관문이라 할 수 있다.

민준이는 이 모든 관문을 무사히 통과했다. 처음 한두 번 대회에 나가서 상을 못 타왔다는 이유로 실망한 엄마들 때문에 아이들이 우수수 빠져나갔을 때도 오로지 로봇이 좋아서 제자리를 지켰던 아이가 내게 해맑은 미소를 지어 보였다.

"로봇을 즐길 수 있도록 도움을 주셔서 고맙습니다."

그날 나는 놀선생으로서 최고의 찬사를 들었다.

−창조적인 아이디어는 선물이다. 아주 잠시만 열렸다 닫히는 창문 같은 선물.

네이션 샤와야가 《나는 나를 만들어가고 있습니다》 서두에 쓴 글이다.

나는 민준이의 성장에 가장 든든한 버팀목이 되어준 건 부모님이라 생각한다. '창문'이 열리고 닫히는 건 순식간이다. 아이가 아무리 로봇을 좋아해도 부모의 지지가 없이 놀이 안에서 성장하기란 불가능하다. 부모가 놀이의 가치를 외면하는 동시에 아이는 창조적인 아이디어라는 비범한 선물의 가치를 부정하게 된다. 결국 창문은 닫히고, 아이는 그저 그런 일상의 틀 안에 자신을 가둬버린다.

뇌 과학자들은 신경전달물질의 하나인 도파민을 연구하던 중

흥미로운 사실을 발견했다. 도파민은 즐거움, 만족감, 재미, 흥미를 느낄 때 뇌에서 분비되는 물질로, 어떤 일을 할 때 도파민이 분비되면 뇌를 자극하여 계속 되풀이하고 싶은 욕구가 생기고 다음엔 더 쉽게 할 수 있도록 도와준다는 것이다.

나는 여기서 네이션 샤와야가 말한 '아주 잠시만 열렸다 닫히는 창문'을 되풀이해서 열게 만드는 키워드를 발견했다. 요컨대 즐거움, 만족감, 재미, 흥미를 주는 어떤 일을 하면 도파민의 분비가 활발해져 점점 더 그 일을 잘하게 만든다는 얘길 하고 싶은 거다.

요즘 대학과 기업은 인재를 선별하는 방법이 훨씬 정교해지고 있다. 세상을 바라보는 관점에 대한 명확한 분석 능력을 갖추지 않고는 경쟁에서 밀려나기 십상이다. 성장 과정에서 레고나 체스에 일찍, 그리고 지속적으로 노출될수록 이로운 게 이런 이유다.

"여섯 살이나 돼가지고 왜 저렇게 큰 레고만 주구장창 가지고 노는지 모르겠네요."

조심스럽게 하는 말인즉, 아이가 얼마나 레고를 잘하는데 어째서 그 나이 되도록 조립은 안 하고 쉬운 것만 만지작거리게 하느냐는 항변이다. 놀잇감의 크기만을 가지고 학습능력을 예단하는 건 엄마들의 흔한 착각이다. 중요한 건 브릭의 크기가 아니다. 엄마들이 눈 여겨봐야 할 것은 아이가 '집중하고 있는지' 혹은 '억지로 놀잇감을 쥐고 앉아 있는 건 아닌지'에 있다.

일단 여섯 살 아이가 몰입해서 끝까지 뭔가를 완성해내려고 하는 자세는 매우 훌륭하다.

아이들은 복잡한 레고 조각들 가운데 자신이 원하는 걸 찾아가며 관찰력을 키운다. 조립도를 볼 줄 아는 건 조금 더 발전했다는 증거다. 이때부터 왼쪽에서 오른쪽으로, 혹은 위에서 아래로 기준을 세워서 뭔가를 수행할 수 있는 능력을 갖는다.

레고 블록놀이에서 가장 첫 단계가 나르기Carrying다. 원하는 형태를 구성하기 전에 아이들은 레고를 만지면서 덩어리 질량감을 확인한다. 이때 소프트 브릭, 창문, 바퀴가 달린 수레, 야생동물, 레고 사람 등 다양한 종류의 레고 브릭을 만지면서 옮기는 작업을 반복하는 놀이는 뇌에 자극을 주기 때문에 매우 중요하다. 그러므로 너무 어릴 때부터 조립에만 치중하여 작은 레고를 쥐어 주는 건 그다지 좋은 방법이 아니다.

아이들은 레고를 이쪽에서 저쪽으로 나르기를 재미있어 한다. 초보 선생님들은 이를 잘 이해하지 못하기 때문에 간혹 걱정스러운 듯 상담을 청한다.

"이 아이는 만들기는 안 하고 왜 자꾸 레고만 가지고 왔다 갔다 하는지 모르겠어요."

나르기라도 다 똑같은 나르기가 아니다. 언뜻 보기엔 별 의미 없는 행동으로 느껴지는 반복놀이 안에서 아이의 뇌는 활발한 자극을 받는다.

나르기 단계가 끝나야 조각들을 길게 더 길게 연결하고 높이 더 높이 쌓을 수 있다.

레고는 일정한 비율로 만들어져 만들기 작업에 필요한 수학적 과학적인 계산을 오차범위 없이 매우 정교하게 입체적으로 처리할 수 있다. 이렇게 조각들을 연결하면서 다리를 만들고 울타리를 쌓고 1:1 대응을 할 수 있어서야 대칭 단계로 넘어갈 수 있다. 그리고 그 다음이 균형과 무게중심으로 나아가는 단계다.

이런 학습은 과정상 조금 빠른 아이와 느린 아이가 있을 뿐, 시기가 되면 누구나 다 할 수 있게 된다.

교육의 핵심은 '내가 만들고 싶은 것을 직접 레고로 만들 수 있다'는 것을 아이에게 알게 해주는 데 있다. 설령 아이가 애써 만들어 놓은 작품이 한순간의 실수로 부서진다 해도 엄마와 교사가 실망할 일은 아니다.

그 아이로 하여금 '언제든 나는 내가 원하는 것을 만들 수 있다'는 것을 경험으로 체득할 수 있도록 기다려줄 때 창작의 창문은 활짝 열린다.

Chess
On The Move

    단편소설 〈체스〉의 작가 슈테판 츠바이크는 '체스는 학문과 예술의 진정한 조화'라는 말로 체스에 대한 무한한 애정을 표현한 바 있다.

    많은 사람들이 서양의 전유물로 알고 있는 체스는 6세기 경 인도에서 시작되었다. 체스의 원조는 인도 왕족들이 즐겨했던 '차투랑가'라는 보드게임이다. 이것이 아라비아를 거쳐 유럽으로 전파되어 규칙이 다소 변형되면서 현대의 체스가 되었다.

    차투랑가는 다시 동양으로 건너와 한국의 장기, 중국의 샹치, 일본의 쇼기 등으로 변형되었다.

    이처럼 오랜 역사를 가진 체스는 수많은 지식인들의 사랑을 받았다. 체스가 얼마나 매력적인 게임인지는 그들이 남긴 말을 통해서도 알 수 있다.

그중 몇 가지를 소개해보자.

- 체스는 지성의 척도이다. —괴테
- 체스는 정신을 강화시켜주고 고통으로부터 자유롭게 해준다. —아인슈타인
- 체스는 인간의 지성을 교육하고 훈련시키기 위한 효과적인 수단이다. —체 게바라
- 체스판은 세상이고, 기물은 우주의 현상들이며, 게임의 법칙은 우리가 자연법이라고 부르는 그것이다. —헉슬리

체스는 바둑, 장기, 브릿지, 체커, 오목, 체커와 더불어 세계 각국에서 마인드스포츠로 각광받고 있다. 특히 동서양을 막론하고 지식인들 사이에 널리 전파되어 있는 체스는 범세계적 문화교류의 장으로 활용되기도 한다.

2006년 토리노 체스올림피아드를 통해 국제무대에 첫발을 디딘 한국은 2010년 광저우 아시안게임에 체스가 정식 종목으로 채택된 것을 계기로 세계무대에 꾸준히 진출하고 있다. 현재 '체스온더무브' 프로그램을 진행하고 있는 유가람, 안성민, 김도윤 선생님은 그 대표적인 선수들이다.

멘사Mensa는 매년 수많은 보드게임을 직접 시연해보고 그중 영재교육에 적합한 게임을 선정한다. 체스가 나에게 매력적이고 신선한 교육 콘텐츠로 다가온 건 영국 버밍엄에서 열린 마인

드스포츠올림피아드 '멘사 커넥션' 부문에 참여하면서부터였다.

전 세계 수천 명의 보드 게임 애호가들을 초청하여 분야별 게임을 펼치는 경기장은 부스만 해도 규모가 어마어마했다. 보드 게임이란 게임은 전부 이 안에 있었다. 내 눈을 사로잡은 건 다른 게임도 많은데 유독 체스를 두는 사람들이 제일 많다는 사실이었다.

"세상이 이렇게 돌아가는구나!"

저절로 입이 떡 벌어졌다. 경기장에 초청된 한국 학생들은 우리 K.F.C. 주니어 팀을 포함하여 열 명도 안 되었다. 큰아이가 초등학교 1학년, 이때가 엄마이자 코치로서 아이와 함께 떠나는 첫 번째 세계대회였다.

게임은 4시간 넘게 이어졌다. 나는 한 게임만 끝나도 당이 뚝

체스 온 더 무브의 시작 멘사마인드스포츠 올림피아드

뚝 떨어질 지경인데, 그 긴 시간 동안 우리 아이들은 꼼짝도 않고 자리를 지켰다. 같이 간 우리 팀 준상이는 코피가 터질 정도로 경기에 집중했다. 이제 갓 초등학교에 입학한 꼬마들이 오롯이 경기에 몰두하는 모습에서 장엄한 분위기마저 느껴졌다.

비단 우리 아이들뿐만이 아니었다.

뭐라고 딱히 표현하기 어렵지만 이 대회장에서 체스판을 마주하고 있는 모든 이들이 어떤 하나의 기운을 뿜어내고 있는 것 같았다.

3라운드부터 K.F.C. 팀을 보기 위해 구경꾼들이 모여들기 시작했다. 동양의 아이들이 보드게임 마니아 수준의 성인들과 경기를 하는 모습이 그들의 눈에도 신기하고 귀여웠던 모양이다.

대회 주최 측에선 경기를 완주한 우리 아이들에게 전원 메달을 수여했다. 이날 최연소(만 일곱살) 플레이어로 기록된 큰아이는 역대 챔피언의 칭찬까지 받았다. 어릴 때부터 즐겨 했던 우리 아이들의 놀이가 문화가 다르고 언어가 다른 사람들과 만나서 교류하고 소통하는 도구가 될 수 있다는 걸 확인한 소중한 경험이었다.

사실 그전부터 체스에 관심이 많았다. 해외 어디를 가든 공원에서 한가롭게 체스를 두는 아이들과 가족들 모습도 보기 좋았고, 내가 체스를 잘 몰라서 막연히 어렵게 느껴지긴 했지만 왠지 고급스럽고 예술적인 느낌을 갖게 하는 놀이 도구라는 점에서 더욱 호감이 갔다.

여러 가지 보드게임을 다양하게 접할수록 아이들의 두뇌발달과 사회성 함양에 좋은 영향을 끼친다는 것도 내가 체스를 주목한 이유 중 하나였다. 어릴 땐 한 가지에 깊게 집중하는 방법을 배우기 어렵기 때문에 놀이 소재를 넓혀주는 것도 효과적이다.

체스는 주사위나 카드놀이처럼 그때그때 운에 좌우되는 게 아니라, 완전히 한 게임에 몰입하여 나름의 전략과 전술을 구사하는 과정에서 다양한 경우의 수를 경험할 수 있게 된다. 집중과 몰입이 아이들 놀이학습에 무엇보다 중요하다고 생각하던 차에 마인드스포츠올림피아드에 온 그 많은 사람들이 체스로 이러한 경험을 하는 것을 보게 된 것이다.

빙고!

이후, 나는 국내에 있는 체스 관련 책은 전부 찾아서 읽었다. 특히 내 마음을 사로잡은 건 게리 카스파로프 자서전 《챔피언 마인드》였다.

게리 카스파로프는 이세돌보다 훨씬 앞선 20세기에 인간과 컴퓨터의 대결이라는 전대미문의 경기를 선보여 세상을 깜짝 놀라게 만들었던 장본인이다.

아제르바이잔 출신으로 열두 살에 체스를 시작한 게리 카스파로프는 스물두 살의 나이로 최연소 세계 챔피언에 올랐다. 이후 21년 동안 정상의 자리를 지키며 매 경기가 끝날 때마다 체스 역사를 바꿔 써야 할 만큼 전 세계의 이목을 집중시키는 그를 눈여겨본 기업이 있었다. 일찍이 체스 인공지능을 연구하던 IBM이다.

체스는 명석한 두뇌 회전과 순발력을 필요로 하는 게임이다. 이 분야의 세계 챔피언을 이길 수 있는 슈퍼컴퓨터가 등장했다는 사실을 보여주는 것만으로도 엄청난 홍보 효과가 뒤따른다고 판단한 IBM은 1989년 카스파로프를 경기장에 끌어들이는 것까진 성공했으나 첫 번째 대국에서 4게임 중 한 게임도 이기지 못하고 완패하는 수모를 겪었다.

그로부터 10년 뒤, 훨씬 진화된 슈퍼컴퓨터 딥 블루Deep Blue를 개발한 IBM이 다시 도전장을 내밀었다. 무려 일주일 동안 이어진 이 대결은 딥 블루가 2승 3무 1패로 승리하여 세상을 발칵 뒤집어놓았다.

카스파로프는 여기서 실망하지 않고 2003년 이스라엘에서 만든 슈퍼컴퓨터 딥 주니어Deep Junior와의 대결에 재도전한다. 그사이 체스에 최적화된 슈퍼컴퓨터는 더 한층 놀라운 발전을 이루었다. 6차례에 걸친 이 대결은 3 대 3 무승부, 같은 해 치러진 X3D프리츠를 상대로 한 경기에선 1승 2무 1패를 기록했다.

사람들은 이를 두고 마침내 인간이 기계 앞에 무릎을 꿇었다고 호들갑을 떨었다. 나는 1초 동안 무려 1조 번의 명령어를 수행하는 슈퍼컴퓨터와 경쟁하여 두 게임만을 내준 것으로도 의미 있는 성과라 생각한다.

엄밀한 의미에서 그것은 카스파로프의 실패도 아니고 인간이 기계에 굴복한 결과라고도 할 수 없다. 슈퍼컴퓨터가 계속 진화해왔듯 인류 역시 나날이 진보하고 있다.

인간이 기계보다 위대한 건 끊임없이 사유하고 성찰하는 존재이기 때문인 것을.

지금도 어디선가 제2, 제3의 게리 카스파로프가 통쾌한 복수전을 준비하고 있을 것이다.

혹시 모르지 않는가.

K.F.C.가 그 일을 해낼지도!

'Chess On the Move'는 그렇게 만들어졌다.

오르락내리락
쑥쑥

    나는 체스 프로그램을 개설하면서 우리 아이들이 온 세상을 마음껏 날아다니며 배움을 얻기를 소망하는 마음을 'Chess On the Move'라는 명칭에 담았다. 아울러 체스를 하면서 오르락내리락하는 감정의 혼란을 아이들이 잘 극복하고 쑥쑥 성장하기를 응원하는 마음 또한 여기에 담겨 있다.

    아이가 처음 체스를 접했을 때 엄마들의 반응은 대체로 긍정적이다.

    "우리 아이가 체스를 너무 좋아해요."

    "정말 재미있나 봐요."

    이 말에는 체스는 머리가 좋은 아이들이 잘한다는데 우리 아이가 그만큼 영리하다는 의미도 숨어 있다.

    딱히 틀린 말은 아니다.

체스는 6가지 기물의 움직임을 이용해서 적의 공격으로부터 왕을 끝까지 지키고 자신의 기물들을 보호해야 하는 게임이다. 기물마다 모양이 다르고 움직이는 규칙도 다르다.

처음엔 이것들을 이해하는 것만도 머리가 아픈데 상대의 수에 따라 매순간 다른 선택을 해야 한다. 모든 경우의 수를 예측해보고 그에 따라 내 기물의 선택과 움직임을 결정한다. 이렇듯 끊임없이 집중하고 몰입하는 훈련을 거쳐야만 체스를 잘하게 되고 그만큼 학습 성과도 높아지는 걸 볼 수 있다.

하지만 아이들이 체스의 진정한 묘미를 알게 되기까지는 결코 녹록치 않은 과정이 기다리고 있다.

초보자의 체스는 '숫자'가 중요하다. 각각의 체스 기물이 다른 기물들과 맞먹을 수 있는 숫자를 갖는다. 비숍과 나이트는 폰 3개와 맞먹고, 룩은 폰 5개와, 퀸은 폰 9개와 맞먹는다.

대개 초보자는 기물을 교환하기 전에 머리나 손가락으로 숫자를 계산하지만, 어느 정도 시간이 지나면 더 이상 계산하지 않는다. 이때부턴 각각의 기물이 유연하고 통합된 계산 체계에 따라 움직이며 체스판이라는 전쟁터를 이리저리 휘젓고 다니는 것이다.

수학적 계산에 의해서 움직이던 기물이 직관에 따라 움직이게 될 때, 바로 앞의 그림보다 큰 그림을 보기 시작할 때가 진짜 체스 세계에 입문하는 단계라 할 수 있다.

초보 딱지를 떼고 난 뒤로는 이겼든 졌든 지난 경기를 복기하면서 분석하는 능력을 키워야 한다. 실수를 저지른 순간 자신의 감정을 살피고, 게임 중 어떤 상황일 때 긴장상태가 지속되는지, 자신의 패배가 어떤 요인으로부터 잘못되었는지 등 세밀하게 게임의 전 과정을 돌아보는 과정이다.

이렇기 때문에 체스 공부는 일종의 정신분석이라는 말이 있다. 체스를 통해 미묘하게 드러나는 자신의 숨겨진 모습들을 발견할 수 있기 때문이다.

체스 세계대회에 나가보면 어디든 대국 분석 룸이 있다. 이곳에 마치 새로운 체스 경기장이 하나 더 펼쳐진 것처럼 체스 테이블이 세팅되어 있다. 선수들은 경기가 끝난 뒤 이곳에 들어와 경기 내용을 점검하며 자신과 상대의 결점이나 중요한 실수들을 복기한다.

이곳에선 간단한 간식과 함께 맥주나 와인, 커피 등을 즐기길 수 있다. 선수들은 유명 체스 마스터들 간의 경기를 모니터로 감상하며 우정을 쌓기도 한다.

체스는 매 순간 정신을 집중하고 감정을 통제하며 스스로 자신의 사고 패턴을 인식하는 가운데 위기대처 능력을 키우는 게임이다. 이 과정에서 긴장의 악순환, 맹렬한 승부욕 또는 그로 인한 좌절, 혼돈과 소요 등 온갖 모순된 감정과 의지의 충돌을 경험한다.

특히 감정의 기복이 심할수록 논리적으로 판단하고 매 수를 선택해야 하는 상황에 대한 정신적 피로감이 매우 높다. 체스를 배운다는 것은 알면 알수록 더 배워야 할 것이 많다는 것을 깨닫는 과정을 의미한다. 그렇기 때문에 결코 즐거울 리만은 없다.

"우리 아이가 체스를 너무 좋아해요."

결국 이 말을 뒤집어보면 그 아이가 체스 숫자게임의 초보단계에 들어섰으며, 아직 배움의 여정이 시작도 되지 않음을 의미하는 것이다.

체스에 대한 이해가 깊어지면 자신의 세계에 대한 이해도 점점 깊어진다. 나는 우리 아이들이 하루빨리 초보딱지를 떼고 체스를 통해 자신을 만나기를 원했다. 아이들은 먼저 수없이 흔들리고 때로는 주저앉기도 하겠지만, 종국엔 다시 일어서리라. 그만큼 체스는 매력적인 게임이기에.

아이들이 체스를 배우는 목적은 3단계로 나뉜다.

1. 체스의 정식 규칙을 배운다.
2. 게임에서 이기는 방법을 배운다.
3. 자기 자신을 알아가는 도구로 활용한다.

체스의 정식 규칙을 아는 것은 체스로 세계와 소통하기 위한 첫 걸음이다. 지금껏 우리나라에는 체스 문화라는 게 없었다. 그렇기 때문에 아이가 체스를 배우기 원하는 가정에선 체스를 접해본 적이 없는 아빠들이 게임 설명서를 보고 아이를 가르치는 게 대부분이다.

이 경우 아빠들은 기물의 움직임까지는 잘 알려주지만 정작 중요한 규칙은 흘려버릴 때가 있다. 가장 흔한 예가 체스를 기물 따먹기 게임으로 착각하는 경우.

무조건 킹을 잡으면 게임이 끝나는 줄 아는 아빠들이 의외로 많다.

체스에서 왕을 죽이는 것은 정식 규칙에 위배되는 일이며 매너에도 어긋난다. 왕을 죽이지 않고 포위하는 것으로 게임을 끝내는 것은 체스의 가장 기본적인 원칙이다.

FIDE세계체스연맹는 상대편 왕에게 공격을 거는 체크와, 체크 상태에서 왕이 피할 수 없는 상태를 말하는 체크 메이트 외에도 앙파상, 체슬링, 프로모션 등 몇 가지 특수 규칙을 정해두고 있다.

이런 정식 규칙을 모르고 아이들끼리 게임을 하다보면 종종 분란이 일어나곤 한다.

"우리 아빠가 이렇게 알려줬어."

"아니야. 우리 아빤 그렇게 말하지 않았어."

체스의 룰은 동네 고스톱처럼 누군가의 편의에 따라서 이렇게 저렇게 바뀔 수 있는 게 아니다. 그렇기 때문에 미리 숙지해두지 않으면 세계무대에서 낭패를 겪기 쉽다.

사실 체스 게임에서 이기는 방법을 배울 수 있는 상대는 자신뿐이다. 아이들은 처음부터 집중과 몰입을 경험하기 어렵기에 그 시간은 개인차에 따라 다르게 나타난다.

무조건 체스를 많이 둔다고 해서 실력이 늘어나는 건 아니다.

집중과 몰입→성찰→수정의 3단계가 제대로 이루어져야만 자기만의 실력을 쌓게 된다.

나는 두 아이를 키우면서 공부를 잘하라고 강요한 적은 없다. 그러나 체스를 강요한 적은 있다.

태생적으로 승부욕이 강한 남자아이들은 자존심이 건드려지면 더 깊이 빠지게 되는데 여자아이들은 대체로 그런 싸움 자체를 힘들어한다. 감정의 오르막길과 내리막길을 무수히 반복해야 되는 상황을 감당하기가 쉽지 않은 탓이다. 때문에 세계체스연맹은 여성 선수 육성 차원에서 남녀경기 기준과 상금을 따로 책정하고 있다.

체스를 먼저 시작한 오빠 덕분에 일찍 체스에 노출된 딸아이는 유소년대표로 처음 나간 대회에서 5라운드 연승을 기록하며 1위를 차지했다. 운도 따랐을 테고, 또 다른 아이들에 비해 일찍 체스를 시작했고, 꾸준히 지속해왔기 때문에 어린 연령대에서 성과를 낸 것은 당연한 결과였는지도 모른다.

하지만 이 아이는 체스를 둘 때 승리를 염두에 두는 법이 없었다. 이기면 좋고, 아님 말고.

자연 대회 실적도 들쑥날쑥할 수밖에.

"승부는 중요한 게 아니야."

비록 결과가 기대에 못 미치더라도 나는 대범하게 딸아이를 위로해주곤 했다. 마음 깊은 곳에선 아이가 제대로 실력 발휘를 못했다는 아쉬움이 스멀스멀 올라올지라도.

그러고는 주문처럼 한마디를 보탰다.

"다음엔 더 잘할 수 있어!"

어쩌면 체스를 향한 나의 이중적인 태도는 다른 엄마들의 공부 잔소리와 다를 게 없었으리라.

이런 생각을 하게 된 결정적인 사건이 있었다.

딸아이보다 늦게 체스를 시작한 아이가 국내대회에서 놀랄 만큼 좋은 성적을 거두었다. 그 아이가 가지고 있는 승부사 기질과 유능한 코치 선생님들의 지도력이 조화를 이뤘기에 가능한 성과였으므로 센터 원장으로선 의당 축하할 일이었다.

하지만 나는 순간적으로 얼굴빛이 달라지는 것을 감출 수가 없었다. 당연히 이겨야 할 상대라 여겼던 아이한테 밀려 내 딸아이 순위가 달라진 것이었다. 그때의 당혹스러움이란.

승부가 중요한 게 아니라고 평소 입버릇처럼 말해왔고, 또 그렇게 믿었던 나였다. 그런 내가 이렇게 속이 쓰린데 다른 엄마들은 오죽할까 싶었다.

그 뒤로는 웬만해선 승부가 중요하지 않다는 말을 쓰지 않는다. 대신 그때그때 내 감정을 가감 없이 표현하곤 한다.

"네가 상을 타니까 엄마도 기분이 좋더라!"

"경기에 져서 속상하지? 엄마도 아쉬워……."

한편으로는 이런 생각도 든다.

딸아이 나이에 '이기면 좋고, 아님 말고'는 쉽게 가질 수 있는 마음이 아닌 것을.

　매번 새로운 실패를 통해서 배우는 게 체스라고는 하지만, 그 치열한 과정을 지켜보기만 해도 엄마는 이토록 심경이 곤혹스러운데 아이는 얼마나 힘이 들까.

　그런 이유로 체스 대국이 끝나면 맛있는 것 하나라도 더 먹이고 싶다. 이겼든 졌든 자기와의 피 말리는 싸움을 치루고 돌아온 것만으로도 아이는 보상받을 자격이 충분하기에.

놀선생 엄마를 울컥하게 만든
딸아이의 타임아웃

플레이웰에서 세계대회를 준비할 때 간혹 엄마들이 하는 말이 있다.

"이번에 나가는 애들은 대단히 똑똑한 애들인가 봐요."

"얼마나 잘하면 외국에 나갈 수 있나요?"

사실 레고나 체스 세계대회는 또래들에게 흔치 않은 특별한 경험임에는 분명하지만, 참가 당일보다 대회를 준비하는 과정에서 경험하는 배움의 의미가 더 크다고 할 수 있다.

체스는 승패가 있는 게임이다. 결과에 따라 울고 웃는다. 상대방이 게임을 잘해서 이기는 경우보다 내가 실수한 것 때문에 지는 경우가 더 많다. 그러므로 이기고 지는 것보다 중요한 것이 자신이 과거에 했던 실수들을 반복하지 않는 일이다.

기술적인 실수 외에도 상대의 공격을 과대평가하는 심리적

방심이 실패의 요인이 되기도 한다. 결정적인 순간에 허를 찔리지 않으려면 평소 꾸준한 피드백과 자기성찰이 절대적으로 필요하다.

《재능은 어떻게 단련되는가?》의 저자 제프 콜빈은 '위대한 성과의 비밀은 신중하게 계획된 연습에 있다'고 했다. 2016 비엔나 체스오픈을 앞두고 이 말이 특히 내 마음에 와 닿았다.

체스 대국은 크게 3가지 방식으로 나뉘며 각 대회마다 할당되는 시간이 다르다.

1. 블리츠Blitz : 15분 미만
2. 레피드Rapid : 15분 이상 60분 미만
3. 스텐다드Standard : 60분 이상

이번 비엔나 체스오픈대회에서 각 선수에게 할당된 시간은 기본 90분. 여기에 매 수를 둘 때마다 30초씩 추가로 주어지므로 이론적으로 3시간에서 많게는 5시간까지 집중해야 하는 경기였다. 관건은 아이들이 그 긴 시간 동안 집중력과 지구력을 발휘할 수 있느냐 하는 것.

한 경기에 대략 4시간 잡는다면 기물을 40차례나 움직여야 한다. 성인들도 이 정도면 머리가 지끈거릴 텐데 아이들에겐 이보다 더한 고문이 없을 것이다.

우리는 아이들에게 체스 다이어리를 쓰게 했다. 대회에 나가기 전에 마인드컨트롤로 각오를 다지기 위한 것이었다. 먼저 팀의 목표를 아래와 같이 적은 다음, 대회에서 이루고 싶은 자신의 목표와 활동 내용을 적는 방식이다.

나는 항상 승리를 목표를 한다.
나는 좋은 게임 내용을 위해 노력한다.
나는 상대의 수를 무시하지 않는다.
나는 항상 모든 수에 목적을 가지고 둔다.
나는 포기하지 않는다(상대가 유리해지면 상대도 방심할 수 있다).
나는 나를 믿는다.

우리는 아이들이 매일 팀의 목표를 반복해서 적는 가운데 자연스럽게 승부욕이 스며들기를 바랐다. 승패가 있는 게임에서 승부가 중요하지 않다는 말은 아무런 의미가 없다. 실패는 누구에게나 아프고 쓰리다. 특히 자신이 좋아하는 게임에서 졌을 때 아이들은 감당하기 힘든 분노와 허탈감에 휩싸인다. 이럴 때일수록 목표의식을 분명히 해둘 필요가 있었다.

선택과 결정의 순간순간마다 자신을 믿고, 기물의 행보에 이유를 달고, 목적을 가지고 체스를 두는 것!

나는 이러한 마음의 태도가 우리 아이들을 강인하게 단련시킬 거라 믿었다. 단기적인 목표는 장기적인 전략과 균형을 이룰 때 유용한 도구가 될 수 있다. 아이들에게 배우는 과정 못지않게 결과도 중요하다는 사실을 이번 기회에 확실히 각인시켜주고 싶었다. 과정만 중시한 나머지 결과에는 관심이 없다면 나중에 더 큰 어려움에 빠지게 될 것이므로.

아이들은 매일 일기를 쓰듯 체스 다이어리를 채워나갔다. 코치 선생님들은 오프닝, 미들게임, 엔드게임 등 체스 이론을 가르치는 틈틈이 온라인 대국을 통해 실전 감각을 익히도록 도왔다.

체스닷컴www.chess.com에서는 전 세계 사람들을 만날 수 있다. 영어를 사용하고 체스닷컴 아이디만 있으면 언제 어디서나 온라인으로 체스를 즐길 수 있다. 아이들은 체스닷컴에서 대국을 몇 판 했는지 적고, 게임의 결과와 자신의 게임 내용을 적었다.

체스 실력별로 퍼즐 문제가 나오는 체스템포www.chesstempo.com 사이트를 이용하기도 했다. 몇 개를 풀고 몇 개를 틀렸는지 매일매일 과정을 기록하는 것이 핵심이다. 왜냐면 그렇게 적으면서 아이들 스스로 체스에 몰입하는 느낌을 가질 수 있기 때문이다. 기록을 위해서 연습을 하게 되었건, 연습을 하고 나서 기록을 했건, 매일 되풀이되는 일상 속에서 아이들은 스스로 연습하는 시간을 늘여나갔다.

주말에는 우리끼리 진짜 비엔나 대회장에서처럼 체스 대국을 열어 전 과정을 복기하고 분석했다.

2016년 8월에 개최된 비엔나체스오픈은 시청사에서 열렸다. 음악과 예술의 도시라는 명성에 걸맞게 눈에 들어오는 풍경이 모두 한 폭의 그림처럼 아름다웠던 비엔나.

체스 경기가 열리는 곳은 2,000여 명이 동시에 대국을 펼칠 수 있는 규모의 대연회장이었다. 신데렐라가 왕자님과 만났던 밤 풍경이 이랬을까.

레드카펫을 밟으며 대회장으로 들어가면서 마치 동화속의 주인공이 된 것 같은 기분이 들었다. 화려한 샹들리에 조명이 웅장한 내부에 품격을 더해주는 대연회장은 예술의 극치라는 말을 실감나게 한다. 그 아름다운 샹들리에 불빛 아래서 조용히 체스를 두고 있는 사람들 모습은 또 어찌나 감동적이던지.

비엔나체스오픈이 열리는 기간에는 시청사에서 각종 문화행사가 열렸다. 우리가 갔을 때는 필름페스티벌이 한창이었다. 고전이나 비엔나를 배경으로 한 영화를 무료로 관람할 수 있는 행사다.

저녁에는 세계 여러 나라의 음식을 맛볼 수 있는 야시장이 열렸다. 우리는 독일 소세지, 비엔나식 돈가스, 이태리 파스타, 일본 교자와 덮밥, 오스트리아 황제가 즐겨 마셨다는 커피 등을 파는 부스를 순례하며 매일 색다른 음식 문화를 즐길 수 있었다.

국제적인 체스대회는 대부분 스탠다드 방식으로 운영되며 9라운드 경기로 이루어진다. 대회는 하루에 한 경기씩 치러지며 오프닝 세리머니와 체스 경기 중간에 재충전Refresh day을 위해 쉬는 날이 있고, 연령과 성별에 따라 각종 체스 이벤트 경기까지 진행되기 때문에 대략 2주 정도의 일정이 소요된다.

비엔나오픈에 참가한 K.F.C. 팀원들은 딸아이를 포함한 6명의 초등학생들이었다. 이 아이들이 똑같은 색깔의 티셔츠를 입고 비엔나 곳곳을 누비고 다녔다. 한창 놀기 좋아하는 아이들이 어디로 튈지 모르니 눈에 띄기 쉬우라고 입힌 것이었다.

비엔나는 아이들의 천국이었다. 어딜 가나 볼거리 놀거리가 넘쳤다. 공원에는 유독 강아지를 데리고 산책하는 사람들이 많았다. 아이들이 강아지만 보면 놀자고 따라가는 바람에 코치 선생님들이 찾느라 애를 먹은 적도 있다.

외국인들은 동양의 아이들이 빨주노초파남보 요일별로 색깔만 다른 티셔츠를 바꿔 입고 다니는 모습을 신기하게 쳐다보곤 했다.

비엔나체스오픈은 아이들만 참가하는 '칠드런스 리그'를 포함

2016 비엔나체스오픈 참가 기념

한다. 이 대회에서 우리 팀의 지민이와 희연이는 각각 걸스Girl's 부문 2위와 3위를 차지했다. 그런데 통상 순위대로 상품이 돌아갈 거라는 예상을 깨고 아이들이 좋아할만한 각종 선물이 트로피 메달과 함께 테이블에 수북이 쌓여 있다. 더군다나 상품을 곱게 포장한 것이 아니라 물건 자체만 올려놓고 아이들이 직접 골라가게 했다.

상품의 종류도 각양각색이다. 금액으로 치면 우리 돈으로 20만 원이 넘는 체스 프로그램이 있는가 하면 체스 기물을 그려 넣은 종이 딱지, 체스 인형, 열쇠고리 등등.

어른의 관점에서는 비싼 소프트웨어에 제일 먼저 손이 갈 것 같았지만 아이들은 가격과 상관없이 진짜 갖고 싶은 것을 골랐다.

한국이라면 엄마아빠들이 '저거 집어와' '저거 비싼 거야' 하고 훈수라도 둘 텐데.

비엔나에서는 그런 모습을 찾아보기 어려웠다.

훗날 나는 여기서 힌트를 얻어 플레이웰 서울체스오픈을 개최하면서 비엔나 칠드런스 리그 시상 이벤트를 활용해보았다. 다만 상품은 포장을 한 상태에서 랜덤으로 골라갈 수 있도록 했다. 역시나 아이들의 반응은 폭발적이었다.

비엔나의 추억은 나와 딸아이에게도 값진 의미를 남겼다.

그날따라 시청 광장은 평소보다 몇 배 더 많은 사람들로 북적거렸다. 여름 축제로 열리는 카니발이 시작된 첫날이었을 것이다.

가뜩이나 놀기 좋아하는 우리 딸 엉덩이가 얼마나 들썩일꼬.

나는 대회장 입구에서 딸아이를 기다렸다. 그날은 나의 생일이었다. 그런데 딸아이는 나올 때가 됐는데도 얼굴을 내밀지 않는다.

게임이 안 풀린다 싶으면 제일 먼저 승부수를 던지거나, 다 이긴 게임도 성급한 공격으로 마지막에 블런더Blunder, 어리석은 실수를 날리는 등 도무지 승부에는 관심을 내비치지 않던 아이였다. 그보다 갈팡질팡하는 심리적 갈등을 드러내는 빈도수가 많아 딸아이에게 체스는 좀처럼 넘기 어려운 벽처럼 느껴지기도 했다.

그럼에도 나는 기대를 저버릴 수가 없었다. 대국마다 새로운 실패를 경험하면서 언젠가는 쑥쑥 성장할 때가 오리라. 하지만 그때가 비엔나에서 오리라는 생각은 하지 못했다.

대회장 바깥은 카니발의 열기로 한창 달아올랐다. 한쪽에선 어린이를 위한 직업체험 이벤트가 펼쳐지고 있었다.

아이들의 웃음소리와 놀이기구 돌아가는 소

체스대회 도중 비엔나를 마음껏 즐기는 아이들

리, 음악 소리, 사람들의 함성으로 시청 광장이 쩌렁쩌렁 울리는 가운데 딸아이는 4시간 넘게 꼬박 체스에 집중했다.

나올 때가 훨씬 지났건만 아이가 꼼짝을 안 하자 코치 선생님들이 번갈아 대회장으로 들어가 아이가 경기하는 장면을 확인하고 왔다.

"자기가 할 수 있는 최선을 다하고 있네요."

"남은 기물의 모든 경우를 수를 다 생각하고 있나 봐요."

"이제 보니 많이 컸네요."

다들 한마디씩 하는데 눈물이 핑 돌았다.

드디어 이 아이가 전략적 사고라는 걸 하기 시작한 걸까.

이전까지 딸아이는 주어진 시간을 다 써본 적이 단 한 번도 없었다. 하지만 이때만큼은 정해진 4시간을 전부 쓰고도 남은 수에 몰두하는 모습이었다. 그리고 끝내 경기를 포기하지 않은 대가로 '타임아웃'이라는 역사적인(!) 기록을 남겼다.

체스를 사랑하는 엄마에게 이보다 값진 선물이 또 있을까.

체스의 영웅들과 함께한
세인트루이스 체스 클럽의 추억

지금도 그렇지만 '체스온더무브' 초창기에는 교육용 체스 콘텐츠 구하기가 하늘의 별 따기였다. 번역본 체스 교습서가 몇 권 있긴 해도 수준이 조악하기 이를 데 없었다.

사정이 이렇다보니 한국 체스 프로선수들은 대부분 영어 원서나 체스닷컴 등 외국 인터넷 콘텐츠를 주로 활용했다. 독학으로 체스를 배워 각종 세계대회에서 우수한 성적을 기록한 김도윤 선수현 플레이웰 '체스온더무브' 코치도 유튜브가 스승이었다고 한다.

우리 아이들은 체스 명가名家로 통하는 세인트루이스 체스 클럽 유튜브 동영상을 많이 보고 즐기면서 체스를 배웠다. 그중 아제르바이잔 출신의 그랜드 마스터 바르 아코비언 Varuzha Akobian 의 강의는 아이들에게 가장 인기가 있었다.

세인트루이스는 체스의 모든 것이라 해도 지나치지 않다. 이

지역에 사는 유대인 부호가 체스를 좋아하는 사람들과 체스 문화 부흥을 위해 후원자로 나선 그랜드체스투어가 매년 8월에 열린다.

그랜드체스투어는 벨기에, 파리, 미국, 영국에서 5개의 국제 토너먼트를 거친 그랜드 마스터들만의 경기로, 전 세계 체스 애호가들이 체스 거장들의 경기를 관람할 수 있도록 하기 위한 행사이다. 현대 프로 체스토너먼트 중 가장 큰 규모의 상금이 걸린 이 경기는 세계적인 명성을 지닌 그랜드 마스터들이 해설을 맡는다.

그랜드체스투어의 또 다른 목적은 체스의 교육적 효과를 홍보하기 위한 것이다.

세인트루이스 체스 클럽 바로 옆에는 체스인들의 성지로 불리는 '체스 명예의 전당 The World Chess Hall of Fame'이 있다. 세계 최고 수준의 체스 예술과 문화 역사에 관한 전시가 이루어진다. 뿐만 아니라 체스의 교육적 효과를 홍보하기 위해 다양한 문화행사가 열린다. 지역사회 누구나 참여할 수 있도록 왕초보부터 예술가들과 함께하는 고급 사교 모임, 노인들만을 위한 클래스, 초등학생을 대상으로 한 체스 캠프, 가족을 위한 체스, 미술 전람회, 음악회 등 모든 행사가 체스를 주제로 이루어진다.

2017년 어느 싱그러운 여름날 오후, 나는 K.F.C. 팀의 초등학생들과 함께 세인트루이스 클럽에 도착했다. 고풍스럽게 꾸며진 명예의 전당 입구로 들어서니 6m 높이의 초대형 체스 목공예 작품이 눈길을 사로잡는다(세상에서 제일 큰 기물로 기네스북에 올라가 있다).

"애들아, 저런 걸 진정한 체스 문화라고 하는 거야!"

클럽 입구에서부터 감탄사가 절로 나왔다. 주변 곳곳에 아름다운 대리석 체스 테이블이 눈에 띄었다. 체스를 두고 싶은 사람은 누구나 즉석에서 즐길 수 있도록 값비싼 기물까지 떡하니 놓여 있다.

실제로 보니까 우연히 그 테이블에 합석한 사람들이 간단하게 체스 한판씩 두고 헤어지는 광경이 일상처럼 자연스러웠다. 내가 가장 부러웠던 것이 이 장면이다.

그들에겐 탑골공원 등지에서 바둑 또는 장기를 두면서 소일하는 어르신들 모습에선 좀처럼 발견하기 어려운 평온함과 여유로움이 느껴졌다.

언제쯤 우리나라에서도 저런 광경을 볼 수 있을까.

클럽에선 흔하게 볼 수 있는 얼굴이 체스 그랜드 마스터다.

하루는 라운지에서 책을 읽고 있는데 사람들이 웬 남자를 흘끔거리며 귓속말을 했다. 청바지에 모자를 눌러 써서 얼굴은 잘 보이지도 않는다. 나는 별생각 없이 다시 책에 눈을 돌렸다. 다음 순간.

옆자리에서 귀가 번쩍 뜨이는 이야기가 들려왔다.

"방금 나간 사람이 게리 카스파로프야."

오 마이 갓!

살아 있는 체스의 전설 게리 카스파로프!

그 자리에서 내가 읽고 있었던 《챔피언 마인드》의 주인공!

진작 알아봤으면 책에 사인이라도 받을 걸.

나중에 그를 만났다고 자랑했더니 유가람 선수는 대수롭지 않다는 듯 이렇게 말했다.

"저는 그와 커피도 마셨답니다."

일단 뭐든 잘하고 볼 일이다.

세인트루이스 체스 클럽에서 만난 또 한 명의 영웅 모리스 애슐리Maurice Ashuley는 자메이카 출신으로 최초의 흑인 그랜드 마스

체스 세계 챔피언 매그너스 칼슨과 함께

터가 되었다. 체스대회에서 막대한 상금을 거머쥐고 갑부가 된 그는 라스베가스에서 '억만장자 체스대회'를 주최한 것으로도 유명하다.

나와는 SNS 친구이기도 한 모리스는 한국에 대해 관심이 무척 많다. 기회가 되면 서울과 부산에 꼭 가 보고 싶다고도 했다.

마침 홍콩체스연맹 초대로 아시아를 방문할 예정이라며 한국의 체스 꿈나무들을 만나고 싶다는 뜻을 밝혔다. 귀가 솔깃한 제안이긴 했으나 솔직히 몸값이 너무 비싸서 선뜻 대답을 못했다.

아이들은 섬머캠프에서 반가운 얼굴을 만났다. 플레이웰 체스 교육 시간에 동영상으로만 접했던 바르 아코비언이 고급반 담당 강사로 나온 것이었다.

"바르 선생님이 우릴 가르치러 오셨어요!"

아이들은 눈이 휘둥그레질 수밖에.

바르는 네 명의 초등학생으로 이루어진 우리 팀 아이들에게 무척 친절하게 대했다. 그가 '코리안 바비큐갈비'를 좋아한다기에 감사의 표시로 한국식당에 초대했다.

"한국식당 너무 좋아요. 코리안 바비큐 원더풀!"

고기도 잘 먹지만 김치를 어찌나 맛있게 먹던지 앉은 자리에서 세 접시를 후딱 해치우는 걸 보고 정말 한국음식을 좋아하는구나 싶었다. 나중에 안 사실이지만 그가 한국식당을 좋아하는 결정적인 이유는 반찬을 공짜로 내주기 때문이라고.

식사가 끝나자 초등학생 꼬마들은 겁도 없이 체스 한판을 신청했다. 바르는 그걸 또 흔쾌히 받아주고. 이렇게 해서 그랜드 마스터 대 K.F.C. 대표 선수로 나선 우리 집 큰아이의 즉석 체스 대국이 펼쳐졌다.

"우리가 그랜드 마스터를 이겨보자!"

각오는 심히 가상타마는 언감생심, 안 봐도 깨질 게 뻔한 상황에서 이변이 생겼다.

"그랜드 마스터 아저씨, 이제부턴 흑과 백을 바꿔서 두면 어떨까요?"

"오케이!"

바르는 다 이겨가는 판을 바꾸자는 큰아이의 제의를 선선히 받아주었다. 사실 이건 원래 체스 규칙에는 없는 요구였으나 내가 집에서 아이들과 체스를 두다 이기고 싶을 때 종종 써먹던 수법이었다.

발칙하게도 그걸 이 상황에서 생각해낼 줄이야!

결과는 드로Draw, 무승부로 끝나 둘은 체스 규칙대로 정중히 악수를 했다. 큰아이가 '그랜드 마스터 아저씨랑 드로하고 악수한 손'이라며 씻지도 않을 거라고 우쭐해하는 걸 보고 다른 아이들은 물론 이제 막 체스를 시작한 막내까지 아우성을 쳤다.

"그랜드 마스터 아저씨! 저랑 체스 한판해요!"

체스 꿈나무들에게 서비스 정신을 발휘한 체스 영웅의 너그러운 마음씨 덕분에 아이들은 체스를 한결 친근하게 느끼는 모습이었다.

세인트루이스 체스 클럽에 머문 동안 아이들이 보고 듣고 경험한 모든 것들은 오랫동안 진한 여운을 남기리라.

게리 카스파로프는 말했다.

—막연히 드는 생각들도 무언가 실체가 있는 것으로부터 비롯된다. 새로운 동료에 대한 좋은 인상이 기억 깊은 곳에 남아 있는 타인의 모습으로부터 비롯되듯이. 설명하기 어렵거나 잘 이해되지 않는다고 직관이 존재하지 않는 것은 아니다.

언젠가 이 아이들이 체스의 세계로 조금 더 깊이 들어가고자 할 때, 실은 자기가 생각보다 아는 게 많다는 걸 깨우칠 날이 올 것이다. 그것이 세인트루이스 체스 클럽에서 만난 그 누군가로부터 비롯되었다는 것도.

노노
코딩!

요즘 강남 학원가에 부쩍 눈에 띄는 게 코딩학원이다. 아이들이나 학부형이나 급변하는 교육환경 속에서 몸살을 앓아온 게 어제오늘의 일도 아니건만, 현실은 유독 안타까움을 자아낸다.

"4차 산업혁명시대 어쩌고 하던데, 이젠 코딩 교육은 필수라면서요?"

"지금이라도 서둘러야 되지 않을까요?"

플레이웰을 찾는 학부형들의 고민은 대개 비슷비슷하다.

'남들 다하는 코딩, 차일피일하다 우리 애만 낙오되는 건 아닐까.'

그 심정 충분히 이해하면서도 내 대답은 언제나 똑같다.

"코딩 절대로 시키지 마세요!"

당연히 십중팔구는 당혹스러운 반응을 나타낸다.

'그럼 우리 애 대학은?'

'자기 일 아니라고 너무 무책임한 거 아냐?'

드러내놓고 말은 안 해도 무언의 메시지가 읽히기도 한다.

그럼에도 나는 끝내 그분들이 원하는 답을 내놓을 수가 없다. 하다못해 '아무것도 안 하는 것보단 나을지도 모른다'는 입에 발린 말조차도 나오질 않는다. 국영수에 치이고 예능 과외로 허덕이는 아이들과 학부형들에게 또 여기에 막대한 시간과 비용, 에너지를 쏟으라는 말은 차마 할 수가 없기 때문이다.

때 아닌 코딩 바람에 우왕좌왕하는 건 비단 우리나라뿐이 아니다.

중국 부모들은 아이들의 코딩 수업을 위해 초등학생 때부터 연평균 3천 달러 이상의 비용을 지출한다. IT 인재육성을 국가 정책으로 삼은 인도 역시 빠지지 않는다. 한 달에 백만 원을 호가하는 코딩학원에도 학생들이 몰려 문전성시를 이룬다는 것.

그렇다면 아이들은 뭘 배울까?

비싼 과외비를 들여서 코딩 명령어를 달달 외우는 게 고작이다. 간단하게 말해서 이런 식의 코딩은 컴퓨터 언어의 일종에 불과하다.

이를 더 쉽게 이해하자면 우리가 컴퓨터를 처음 접했을 때를 생각하면 된다.

사실 컴퓨터는 어떻게 켜고 *끄는지*만 알면 사용법의 절반은 익힌 거나 다름없다. 그런데 초창기 컴퓨터 세대는 그 간단한 걸 배우러 학원에 다녔다. 컴퓨터 사용법에 관한 책들이 서점마다 진열대를 가득 메웠다. 값 비싼 비디오 교재도 날개 돋친 듯 팔려나갔다. 하지만 아이러니컬하게도 어른들보다 빨리 컴퓨터와 가까워진 건 아이들이었다.

대부분 기성세대는 새로운 문명을 받아들이는 속도가 느리다. 낯선 문명에 도전하기보다는 익숙한 상황에 안주하려는 습성이 강하기 때문이다. 그러므로 포기도 빠르다.

편견이란 경험의 산물이다. 아직 실패의 경험이 많지 않은 아이들은 대체로 선입견을 갖지 않는다. 새롭다는 건 오히려 호기심을 불러일으키는 요인이 된다. 스마트 기기 사용법을 가르쳐주지 않아도 갖고 노는 아이들이 많은 것만 봐도 알 수 있다.

내가 군이 학부형들의 오해를 살 위험이 있음에도 코딩 반대론자가 된 이유다. 컴퓨터를 전혀 다룰 줄 모르는 아이가 아니라면 공연히 아까운 시간 허비해가며 돈 쓸 필요 없다. 대신 아이들을 잘 놀게 해주면 훨씬 가성비 높은 교육 효과를 기대할 수 있다. 이것은 내가 지난 15년 동안 아이들과 함께 놀면서 깨달은 불변의 진리이다.

마크 주커버그, 빌 게이츠, 오바마 전 미국 대통령까지 코딩 전도사로 나선 미국은 실리콘밸리 IT 기업들이 만든 프로그램이 코딩 교육의 주요 교재로 쓰이고 있다. 놀라운 건 아이들이 레고 블록 쌓듯 게임을 즐기면서 자연스럽게 코딩의 언어를 익힌다는 점이다. 가령 C언어나 자바 스크립트 같은 명령어를 외우지 않고도 게임 미션을 수행하는 과정에서 자기도 모르게 코딩의 논리를 깨우치게 되는 것이다.

단언컨대 현재 대한민국에 부는 코딩 광풍은 학부형의 불안감을 이용한 거품에 불과하다. 그 와중에 죽어나는 건 차분하게 미래를 준비해야 될 아이들이고.

"아빠도 나도 코딩이 뭔지 모르니까 마음이 더 조급해져요."

오늘도 여전히 같은 고민에 빠져 있는 학부형들에게 나는 늘 그랬듯이 자신 있게 말한다.

"미리 걱정할 거 하나 없어요, 어머니! 노는 게 남는 겁니다."

모든 길은
'놀이'로 통한다

2018년 게리 카스파로프 아시아퍼시픽재단 후원으로 열린 플레이웰 서울래피드체스오픈 상금의 규모가 꽤 컸고 행사 내용도 독특했다는 평을 받았다.

우리는 레고를 활용한 체스 기물 만들기 작품 대회와 게리카스파로프의 마스터 대국을 레고 마인드스톰 EV3 로보틱스로 시연하는 등 다양한 이벤트를 선보였다.

아마도 외국의 공원이나 리조트에 가면 볼 수 있는 작은 가든 체스를 설치하여 아이들이 머리와 몸으로 함께 즐길 수 있는 체스대회를 시범적으로 운영한 것은 우리가 처음일 것이다. 아이들은 레고로 나이트, 폰, 킹, 룩 등 자신만의 기물을 제작하면서 체스와 레고라는 이질적인 놀잇감의 콜라보를 경험할 수 있었다.

문화란 이렇게 돌고 도는 것이다. 그런 의미에서 나는 우리 아이들이 윷놀이, 고누, 공기놀이, 제기차기와 바둑 등 한국의 전통놀이와 문화를 온 세계에 널리 널리 알렸으면 좋겠다.

특히 바둑은 체스와 여러 모로 닮은 듯 다른 면이 있다. 체스는 상대의 말을 포획하며 두 왕권이 경쟁하고 대립하는 게임이다. 각각의 기물은 신분과 자리가 정해져 있고 계급사회를 배경으로 한다. 바둑은 아무것도 없는 빈 공간에서 게임이 시작된다. 바둑판 위에 놓인 돌은 신분 차이가 없다. 벽돌을 쌓아 건축물을 세우듯이 새로운 가치를 만들어 내는 창조적인 게임이다.

그렇다면 바둑과 체스는 인구 면에서 어떤 차이가 있을까?

서양에선 바둑을 고Go라고 한다. 비엔나에서 체스숍을 운영하는 아저씨는 바둑 애호가였다. 체스를 하다 바둑의 재미를 알게 됐다는 아저씨는 체스 클럽과 함께 Go Club도 같이 운영하고 있었다.

"바둑을 잘하는 나라에서 온 아이들이니 체스도 무척 잘하겠군요!"

한국이 바둑 강국임을 아는 아저씨가 우리 아이들에게 기대에 찬 눈빛을 쏘아대서 부담스러웠던 기억이 난다. 이 아저씨까지 포함해서 전 세계 바둑 인구를 합하면 총 74개국 3,800만 명에 이른 반면, 세계체스연맹 등록 회원국은 총 189개국 7억 명에 이른다.

비슷한 역사를 가지고 있음에도 한, 중, 일 삼국을 벗어나면 바둑은 그 인구가 현격히 줄어드는 것을 알 수 있다.

체스판은 가로와 세로 줄이 각각 8줄이고, 바둑판은 각각 19줄이다. 수학적으로 체스보다 바둑에서 더 많은 패턴이 만들어진다. 바둑에서 나올 수 있는 경우의 수는 10의 170승에 이른다고 하니 이 얼마나 고차원적인가?

나는 무조건 우리 것이 좋다고 우기는 신토불이 예찬론자는 아니다. 바둑이 더 어렵고 추상적이며 경우의 수가 많으니 체스와는 격이 다른 것이라고 주장하고 싶지도 않다. 다만 세계 모든 이들이 즐기는 체스로 바둑을 멋지게 소개할 수 있는 날이 머지않을 것이라 믿는다.

해외에 나가보면 부쩍 한국을 궁금해 하는 사람들이 많아지고 있음을 느낀다. 가령 로봇대회 폐막식을 마치고 나면 세계 각국의 아이들이 팀 티셔츠를 바꿔 입거나 그 나라 말로 사인을 받아가는 것으로 우정을 표시하곤 한다.

다양한 언어로 수놓인 우리 아이들의 티셔츠를 보면서 나는 한국이 대세임을 느낀다. 브라질 주앙페소아 로보컵에서 우리를 졸졸 따라다니며 태극기가 그려져 있는 K.F.C. 팀버튼배지, Badge을 받아갔던 남미 친구들, 말레이시아 로봇줄다리기 시합에서 인기스타 팬 사인회라도 하는 것처럼 우리 팀과 사진을 찍자며 줄을 서서 기다리던 아이들.

에스토니아에서는 프랑스, 독일, 이란 친구들까지 BTS의 'Fake Love'를 떼창하며 우리 부스에서 K-pop 잔치를 열기도 했다.

그들에게 한국은 알고 싶은 나라, 선망의 대상임을 알 수 있었다.

동양의 작은 나라 남South인지 북North 어딘지 궁금해 하지도 않았던 외국인들이 한국의 드라마, 음악, 심지어 군것질거리까지 관심을 갖기 시작했다. 이젠 어딜 가든 한국에서 왔다고 하면 호감을 표하는 사람들을 만날 수 있게 되었다.

이제부턴 우리 아이들이 체스로 한국을 소개할 차례다. 그러자면 우리나라에서도 체스 문화가 활성화되어 국제대회를 운영할 수 있는 정도는 되어야 할 것이다.

K-리그는 초창기 6개 구단으로 구성되었다. 그러다 2018년 1, 2, 3부 외 4부 리그가 창설되어 총 28개 구단이 참가하고 있다. 이로써 세계체스연맹에 레이팅FIDE Rating이 보고되어 그랜드마스터 탄생의 길이 열린 것이다.

그러나 K리그 구단에 등록된 선수만 대회에 출전할 수 있기 때문에 기회가 극히 제한적이고, 각 구단의 리그 출전 가능 선수는 4명 혹은 6명에 불과하여 많은 아쉬움이 남는다. 게다가 구단주나 체스 코치에게 개인 레슨을 받는 경우가 아니면 알음알음 소개로 참가 신청이 이루어지는 현실은 어떻게 이해해야 될까.

2015년 경희대학교에서 열린 아시아유소년체스선수권 대회는 체스 종주국 인도가 상위권을 휩쓸었다.

인도에서 체스나 레고 로봇을 배우려면 부모의 상당한 교육열과 경제력이 뒷받침되지 않고선 불가능하다.

세계체스연맹(FIDE)이 공인하는 체스 타이틀

■ **그랜드 마스터** GM Grand Master : 체스 선수가 받을 수 있는 가장 높은 타이틀. 한 번 받으면 일생 동안 그랜드 마스터로 대우를 받는다. 그랜드 마스터를 획득하기 위해서는 최소 2,500 이상의 레이팅(체스에서 선수들의 수준을 보여주는 점수)을 획득한 적이 있어야 하며, 체스 토너먼트 2개 이상에서 달성기준(Norm)을 통과해야 된다.

■ **인터내셔널 마스터** IM International Master : 토너먼트에 정기적으로 참여하는 체스 선수 중 0.25%만이 받을 수 있는 타이틀. 보통 2,400~2,500 정도의 레이팅을 보유하며, 3개 이상의 체스 토너먼트에서 달성기준을 통과해야 한다.

■ **피데 마스터** FM FIDE Master : 인터내셔널 마스터보다는 아래지만 캔디데이트 마스터보다는 높은 타이틀. 보통 2,300 이상의 레이팅을 보유한다.

■ **캔디데이트 마스터** CM Candidate Master : 2,200 이상의 레이팅 보유 선수에게 부여되는 타이틀.

＊WGM, WIM, WFM, WCM : 여성 체스 선수에게 따로 부여되는 타이틀. 여성 그랜드 마스터, 여성 인터내셔널 마스터, 여성 피데 마스터, 여성 캔디데이트 마스터의 약자로, 앞에 W칭호가 붙는다.

국내 체스 선수들의 실적

GM Grand Master : 탄생 예정！！！
IM International Master : 안홍진(진행 중)
FM FIDE Master : 이준혁, 이상훈, 송진우,
CM Candidate Master : 권세현, 김새벽, 김인거, 강태형, 김창훈, 이세연, 천세혁, 정영훈
WFM Women FIDE Master : 박선우
WCM Woman Candidate Master : 김유빈, 김태경, 임하경, 변성원, 오민아, 조연희

예를 들어 인도 국가대표 소녀 쌈부는 IM 마스터 코치뿐만 아니라 이른바 '멘탈 코치'까지 대동하고 왔다. IM 마스터 코치는 기술 담당, 멘탈 코치는 정신력 담당이다. 여기에 소아과 의사인 엄마의 밀착경호까지 더해졌다.

쌈부 엄마는 간식 하나하나에서 매끼 식사까지 과하다 싶을 만큼 딸을 챙겼다. 행여 배탈이라도 나서 경기에 집중을 못할까 봐 의사로서, 엄마로서, 철저하게 컨디션을 관리하는 것.

또 다른 인도 엄마는 딸의 체스 교습비만 우리 돈으로 한 달에 150만 원~200만 원 정도 쓴다고 한다. 그리고 일주일에 한 번 운전기사 딸린 차에 아이를 태워서 그랜드 마스터가 사는 다른 도시로 보낸다. 1박2일 동안 그 집에 기거하며 체스를 배우게 하기 위해서다.

이뿐만이 아니다. 그랜드 마스터 집에 가기 전엔 그보다 실력이 좀 떨어지는 '새끼 선생님'이 집으로 온다고 한다. 아이가 그랜드 마스터에게 가서 체스를 잘 배울 수 있도록 예습과 복습을 시키는 것.

두 엄마의 공통점은 체스가 아이를 부자로 만들어줄 거라 확신하고 있다는 점이다. 챔피언십 상금이 대략 30억 ~ 40억 정도, 그랜드 마스터가 되면 백만장자의 반열에 오를 수도 있다. 열 살짜리 인도 소년 니낄의 아빠는 그런 면에서 확실한 빅 픽처를 그려놓고 있는 듯했다. 니낄 아빠는 스위스－독일－비엔나로 이어지는 3개국 체스 투어에 아들을 데리고 다녔다.

인도 국영TV에 암기왕으로 나올 만큼 똑똑한 니낄의 형은 크리켓을 배운다고 한다. 크리켓을 잘하면 인도에선 영웅 대접을 받고 광고 출연료만도 엄청나다고 한다.

나는 형이 더 똑똑한데 왜 동생에게 체스를 시켰는지 넌지시 물어보았다.

"그야 둘 중 하나는 체스를 시키려고 했을 땐 니낄이가 더 어렸기 때문이죠."

체스는 일찍 시작할수록 유리하다는 것을 아는 것이다. 니낄은 어린나이에도 불구하고 주변 국가에서 체스 코치로 초빙할 정도로 출중한 실력을 갖췄다. 제시하는 연봉 액수도 만만치 않다고 했다.

아들을 최연소 그랜드 마스터로 키우려는 니낄 아빠의 야심이 결코 헛된 것이 아니리라. 그 나라에는 이미 체스 문화가 깊이 뿌리를 내렸기 때문이다.

나는 체스가 바둑과 더불어 한국인의 명석한 두뇌를 증명하기에 맞춤한 종목이라 확신한다. 문득 머릿속에 하나의 영상이 그려졌다. 체스 저변 인구가 확대되어 우리 아이들이 무한정 세계로 뻗어나가는 광경이다.

대회가 끝난 뒤, 혹은 막간을 이용해서 외국 친구들과 체스 한 판 신나게 두고 난 뒤 우리 아이들은 이렇게 말할 것이다.

"정말이지 유쾌한 게임이었어!"

게임에 이기든 지든 이 상황에선 별문제가 아니다. 우리 아이들은 상대방과 멋지게 악수하며 또 이렇게 말할 것이다.

"이젠 바둑 한판 둘래?"

"바둑은 우리 한국의 체스 같은 거야."

유럽에서, 아프리카에서, 러시아에서, 체스로 하나 된 아이들이 함께 바둑을 즐기는 모습이 벌써부터 눈에 선하다.

놀이는 전염성이 강하다. 한국 체스의 발전이 곧 바둑의 세계화로 가는 길이다. 닭이 먼저냐 달걀이 먼저냐 따질 게 무언가. 바야흐로 글로벌 세상이다.

'~~인 체하기'하기의 마법

"어느 곳에서 어떤 누구를 만나더라도 걱정하지 마라."

"영어를 못해도 주눅들 거 하나도 없다."

"너희들의 놀이가 너희들의 언어다."

"진짜로 전달하고 싶은 내용이 있으면 어떻게든 전달된다."

내가 아이들에게 늘 강조하는 말이다.

세계대회에 영어권 아이들만 오는 건 아니다. 그래도 아이들은 쉽게 친구가 된다. 언어가 아니라도 이야깃거리가 충분하기 때문이다.

자신들이 가지고 노는 놀잇감에 대한 호기심 어린 표정, 친근감 있는 몸짓, 무심코 터져 나오는 감탄사…….

이 모든 게 아이들에겐 하나의 언어로 다가온다.

"영어가 안 되는데 어떻게 외국 아이들과 이야기를 해요?"

내심 불안해하던 아이들도 막상 세계대회 현장에 풀어놓으면 언제 그랬냐 싶다.

한창 호기심이 충만한 아이들에겐 놀이라는 공통의 관심사가 대번 언어의 장벽을 무너뜨리는 역할을 해주기 때문이다.

자식이 글로벌 인재로 성장하길 바라는 건 모든 부모의 바람일 것이다.

하지만 아이들은 그 길을 모른다.

학교가 파하면 국어 영어 수학학원 등등을 다람쥐 쳇바퀴 돌듯 하는 일상이 아이들을 얇은 교과서 안에 가둬 놓는 현실이 지속되는 한, 아무리 똑똑한 영재도 대한민국이라는 우물을 벗어나긴 힘들다.

나는 지난 15년 동안 아이들을 가르치면서 교육의 목표를 세계를 기준으로 잡았다.

어차피 우리의 아이들은 세계와 경쟁해야 하는 시대에 살고 있으니까.

세계무대로 나가고 싶어 하는 학생이 한 명이라도 있다면 누군가는 그 길을 안내해 줄 수 있어야 한다고 생각해 그 길을 실천해왔다.

그 시작과 끝에 놀이가 있다. 아이들은 놀이를 통해 이야기하고 놀이를 통해 배운다.

호모 루덴스Homo ludens, 유희적 인간라는 개념을 창시한 네덜란드의 역사학자 요한 하위징아는 인간이 동물과 다른 본질을 놀이에서 찾았다.

과연 놀이가 무엇이기에?

그는 문명은 놀이 안에서, 그리고 놀이로서 발생하고 전개된다고 했다. 아동과 성인의 놀이 모두 사회적이고 문화적인 기능을 수행한다는 것이다. 4차 산업혁명이 시작된 지금 이제는 안 놀면 살아남지 못한다. 아이들은 살아남기 위해서 놀아야 한다.

나는 레고를 좋아하는 아이들이 놀이를 즐기면서, 자기가 좋아하는 일로 더 나은 세상을 만들기 위해 할 수 있는 일을 하나씩 성취해가며 그 안에서 몰입과 도전, 실패를 경험하는 과정을 통해 멋지게 성장하는 것을 수없이 보아 왔다.

로보컵 참여를 계기로 진로를 확 바꿔서 2018년 일본 교토 도시샤대학교 문화정보학과에 입학한 다윤이도 그들 중 하나다. 문화정보학과란, 인문학을 바탕으로 IT 기술과 빅데이터를 활용하여 콘텐츠를 만드는 학과를 말한다.

다윤이는 고등학교 1학년 때 로봇을 시작했다. 다른 아이들에 비하면 꽤 늦은 시작이라고 할 수 있는 케이스.

한국관광고등학교에서 일본어를 전공한 다윤이는 자신의 진로가 한정되어 있다고 생각하는 듯했다. 학교 특성과 전공을 살리려면 호텔관광학과나 일본어 관련학과 등 문과 계통으로 진학하는 게 당연하다고 여겼던 것.

하지만 나는 생각이 달랐다. 4차 산업혁명시대는 인문학적 배경과 소프트웨어 기술을 자유자재로 넘나들 수 있는 융합형 인재를 필요로 하는 세상이다. 독서량이 풍부하고 미술을 좋아하는 다윤이는 기술적인 분야에서도 무한한 가능성을 지닌 아이였다.

우리는 로봇대회를 나갈 때 팀의 연구성과를 홍보하기 위한 포스터 작업과 연구일지를 작성하곤 한다. 다윤이는 자신이 속한 팀의 홍보를 도맡아 하며 '한끗 요정'이란 별명으로 불렸다. 포스터든 연구일지든 다윤이가 손을 대면 남들이 한 것보다 뭔가 달라도 다르다고 해서 붙여진 별명이다.

나는 이런 능력을 제대로 활용하면 진로의 선택 범위가 훨씬 광범위해질 것이라 여겨 로보컵 출전을 권했다.

2050년 인간과 로봇의 축구 대결이라는 세기의 이벤트를 목적으로 설립된 로보컵은 축구 외에도 재난구조 로봇, 홈 오피스 로봇, 딥러닝으로 창고를 정리하는 아마존 로보틱스 챌린지 등 다양한 종목으로 운영된다.

로보컵은 레고를 주로 활용하는 여느 대회와는 달리, 로봇 제작에 어떤 재료와 방법을 쓰더라도 제한을 두지 않는다. 요컨대 시중에서 판매하는 제품일지라도 거기에 자신만의 방식으로 아이디어를 첨가하여 전혀 새로운 창작물을 만들어내도록 장려하는 대회이다.

우리나라에는 2012년에 한국로보컵조직위원회가 처음으로 설

립되었다. 나는 이때 조직위원으로 참여한 것을 계기로 로보컵이 우리 청소년들에게 얼마나 중요한 의미를 부여하는지 알게 되었다.

로보컵의 백미라 할 수 있는 수퍼팀Super Team 리그는 각 대륙별, 다른 언어를 사용하는 선수들끼리 한 팀을 이뤄 대결을 펼친다는 점이 특징이다. 가령 아시아에서 한 팀, 아프리카에서 한 팀, 남미에서 한 팀, 총 세 팀이 합쳐서 대회를 치른다. 언어뿐만이 아니라 제각각 다른 풍속과 역사를 가진 나라에서 온 수십 명이 하나의 팀을 이룬다는 것만으로도 충분히 가치가 있었다.

나는 우리 청소년들에게 다채로운 문화충돌의 경험을 갖게 해주고 싶은 생각에 로보컵 임원으로서 열심히 홍보 활동에 임하는 한편, K.F.C. 팀원들의 대회 참가를 독려하였다.

2013 호주 브리즈번 로보컵을 시작으로 2014 브라질 주앙페소아, 2015 중국 허페이, 2016 독일 라이프치히, 2017 일본 나고야, 2018 캐나다 몬트리올까지 로보컵 월드챔피언십은 단 해도 거르지 않고 출전한 K.F.C. 팀은 전 세계 친구들과 폭넓은 우정을 나누고 있다.

2015 중국 허페이 로보컵에서 데니스 홍은 휴머노이드 사이즈 축구 부문에서 우승컵을 거머쥐었다.

데니스 홍은 로봇을 좋아하는 아이들의 우상이자 롤모델이었다. 대회 막바지에 이르러 긴장한 우리 팀원들에게 박사님과 인사할 기회를 주고 싶었다.

"여러분들의 꿈을 따라가세요. 거기에 뭔가 있을 겁니다."

데니스 홍은 축하 인사를 건네는 아이들에게 격려의 말을 전하며 일일이 사진 촬영에 응해주는 등 따뜻한 배려와 친절을 베풀었다. 아이들에겐 이 순간의 감동이 오래도록 강렬한 추억으로 남게 되리라.

대회가 모두 끝나고 한 아이가 불쑥 말을 꺼냈다.

"쌤, 데니스 홍 박사님도 우리랑 로보컵 동문이죠?"

그 얼마 전에 내가 외국 사람들은 로보컵 출신을 같은 학교를 졸업한 동문처럼 특별한 존재로 생각한다고 했던 말을 떠올린 것이었다. 그렇다고 하자 아이들 모두가 환호성을 터뜨렸다.

아마도 아이들은 자신들이 좋아하는 로봇 영웅 데니스 홍과 한결 친밀해진 기분이 들었으리라. 그리고 또 이런 생각을 하리라.

'로보컵 동아리에 들기를 잘했어!'

바로 그 자리에 다윤이도 있었다.

자신이 좋아하는 놀이가 아이 스스로에게 진정 의미 있는 놀이가 되려면 어떤 요소가 필요할까?

하위징아는 '~체하기'의 느낌을 예로 들었다.

나는 이 말에 백 프로 공감한다.

아이들은 레고를 가지고 놀면서 그것을 프로그래밍하는 과정을 통해 '과학자인 체하기' 놀이에 몰입된다.

무언가를 만드는 동안 잠시나마 현실에서 분리되어 온 세상의 중심이 되는 경험을 한다는 건 한 아이의 인생을 좌우할 만큼 엄청난 폭발력을 갖는다.

가령 인류를 구원할 구조로봇을 만들어보기로 한 아이가 있다.

이 아이는 놀이를 즐기는 특정 공간과 시간에서만큼은 자신이 세상에 꼭 필요한 사람이라는 인식을 갖게 된다.

일명 '과학자인 체하기.'

이러한 몰입 행위가 반복되면서 자신이 원하는 자아와 본연의 자아가 통합되는 과정을 통해 아이들은 진정한 나로 성장하는 경험을 함께하는 것이다.

놀이는 현실의 이미지를 구현할 때 가치와 의미를 지닌다.

이미지를 작동시키는 건 상상력이다. 자신의 상상력을 놀이를 통해 작동시키면서 아이들은 무한한 창의성을 발휘한다.

생활 속의 놀이는 그 자체만으로도 하나의 문화가 된다.

"취미가 뭐예요?"

사람들은 이런 질문을 받았을 때 의외로 솔직하지 못한 모습을 보인다고 한다.

특별히 취미라고 할 수 있는 게 없는 경우에도 독서나 스포츠, 혹은 영화관람 등 남들이 쉽게 수긍할 만한 모범답안을 제시하는 경우가 많다는 것이다.

왜 그럴까.

취미, 혹은 놀이는 그 사람의 정체성 또는 이미지를 결정하는 요소가 되기 때문이다. 이럴 때 아이들은 부모들이 생각하는 것보다 좀 더 영리하고, 좀 더 본능에 충실한 모습을 보인다.

"넌 주로 뭐하고 노니?"

"좋아하는 놀이가 뭐야?"

선생님이나 친구들에게 처음 이 질문을 받았을 때가 아이들의 고민이 시작되는 지점이다.

'나는 좋아하는 놀이가 없는데.'

'뭘 좋아하면 다른 아이들과 잘 놀 수 있을까.'

고민의 끝에서 부닥치는 결론은 하나다.

'내가 뭘 좋아하면 선생님한테 좀 더 근사해 보일까?'

아이들은 자신의 이미지를 만들기 위해 좋아하는 놀이를 선택한다.

자신의 주된 관심사에 관련된 이미지와, 그 이미지 만들기의 일환으로 '하나의 놀이를 선택'하고 '하나의 놀이로 체하기'의 특정 시간이 반복되면서 스스로 '나는 그런 사람이 되어가는 것'이라는 생각을 하게 된다.

하위징아는 아이들의 놀이 발달단계에 따른 놀이공동체 형성의 중요성에 대해 역설한다.

떨어져 있으면서 함께 있다는 느낌.

중요한 어떤 것을 함께 나눈다는 느낌.

이러한 느낌이 놀이가 끝난 뒤에도 지속되어 아이들의 사회성과 감수성 형성에 지대한 영향을 미친다는 것이다. 그런 의미로 놀이와 놀이공동체의 관계를 모자와 머리의 관계에 비유하기도 했다.

레고는 놀이공동체의 특성을 뚜렷하게 지닌다.

물론 시작은 혼자서도 할 수 있다. 다만 언제까지나 혼자만 즐기는 놀이가 되어선 사고력을 확장시키기 어렵고 세계관을 단순화시킬 위험이 따른다.

방 안에서 혼자 레고 조립만 하는 아이와, 레고 동아리에서 팀을 이루어 활동하는 아이는 성장 속도가 다를 수밖에 없다. 약간의 과장을 하자면 레고 조립만 하던 아이는 커서도 조립 기술자 이상의 성장을 기대하긴 어렵다.

기술자를 폄하하려는 건 아니지만 부모는 조립생산기술자가 되라고 아이에게 레고를 사 주진 않을 것이다.

우리가 살아보지 않은 저 세상 너머를 만들어갈 창의적 공학자, 혹은 아직 세상에 존재하지 않기에 뭐라 이름 붙일 수 없는 크리에이터가 될 내 아이는 레고를 혼자서 몰입해서 잘 가지고 노는 것만으로는 부족하다.

부족해도 한참 부족하다.

레고 대회에서 수상한 아이들에게 소감을 물으면 대답은 한결같다.

"같이 해준 동아리 친구들에게 감사해요."

나는 이것이 아이들의 성장에 무엇보다 큰 자산이며 에너지가 될 것이라 믿는다.

세계 최고의 축구 영웅이었던 브라질의 카카 선수가 이런 말을 했다.

"나는 절대 두렵지 않다. 나를 믿어주는 10명의 '우리'가 있기 때문이다."

팀원과의 협력을 통한 성공의 경험이 그에겐 더 큰 성공의 시너지로 작용한 것.

함께, 잘 노는 아이들이 글로벌 무대에서도 두각을 나타내는 이유다.

AI와 K.F.C.가 붙으면
누가 이길까?

대학 졸업을 앞두고 미국의 한 호텔에서 인턴으로 근무할 때의 일이다.

하루는 노부부가 카페테리어에서 아침 식사를 주문했다. 식사 도중 간간이 서로를 향해 미소 짓는 모습이 금슬 좋은 부부의 평온한 노후를 보는 듯했다.

조식 서빙 담당인 나는 평소 매뉴얼대로 두 분의 테이블로 다가가 말을 건넸다.

"더 필요하신 거나 불편하신 점은 없으십니까?"

"아니오. 모든 게 훌륭해요. 매우 만족합니다."

백발의 할아버지가 흡족한 미소를 지어 보이며 나에게 호기심을 나타냈다

"어디서 왔습니까?"

지금처럼 외국 유학이 흔치 않은 때라 나이 어린 동양여자가 미국 호텔에서 일하는 것이 신기했던 모양이다. 내가 한국에서 온 학생이라는 말에 할아버지는 대번 반가운 기색을 드러냈다.

"난 한국전쟁에 참전했었던 사람이오!"

그 말을 듣고 나 역시 놀라지 않을 수 없었다. 전쟁을 경험하지 않은 나로선 이런 곳에서 참전군인을 만나게 되다니 뭔가 비현실적인 느낌마저 들었다.

"그땐 정말 죽을 고비도 많이 넘겼지."

전쟁의 참상을 떠올리는 노병의 눈빛에 짙은 회한이 묻어났다. 당시 나는 영어가 유창하지 않아서, 그분이 얼마나 험한 일을 겪었는지 전부 알아듣지는 못했다. 하지만 자기네 나라도 아닌 낯선 한국 땅에서 목숨 걸고 싸웠다는 사실만으로도 저절로 고개가 숙여졌다.

"Thank you for saving our country!"

표현이 적절했는지는 모르겠지만, 나는 진심을 다해 감사 인사를 전했다. 그 순간 노병의 푸른 두 눈에 눈물이 고였다.

"한국전쟁에 참전한 이후 들었던 어떤 말보다, 그 나라에서 온 한 여학생으로부터 들은 이 한마디가, 내 인생 최고의 찬사로 기억될 거요."

지난 시절의 회상에 젖어 묵묵히 먼 곳을 바라보는 남편을 위로하듯 노부인은 가만히 어깨를 다독여주고 있었다.

나는 왠지 모르게 먹먹한 심정이 되어 자리로 돌아왔다. 그렇게 조식 서빙 시간이 끝나고 직원 휴게실에서 잠시 쉬고 있을 때였다. 프런트를 보고 있던 인턴 동료가 휴게실 문을 열었다. 어떤 손님이 체크아웃하면서 나를 찾는다는 것이었다.

'혹시 내가 무슨 실수라도 했나?'

불안한 마음으로 프런트로 향했다. 뜻밖에도 오전에 카페테리어에서 만났던 할아버지가 날 기다리고 있었다.

"우린 오늘 떠나요."

할아버지는 작별인사와 함께 자신의 손목에 차고 있던 시계를 풀어 주었다. 나로선 당황할 수밖에 없는 상황.

"이 시계를 왜 저에게 주시는지요?"

조심스럽게 여쭤보았더니 생각지도 못한 답변이 돌아왔다.

"학생 덕분에 아무도 인정해주지 않던 내 인생의 가치를 확인할 수 있게 되었다오. 이 시계는 그런 나를 잊지 말아 달라는 의미로 주는 것이니 부디 사양 말고 받아줘요."

나는 노병의 호의를 끝내 뿌리치진 못했다.

남에게 인정받는다는 건 삶의 격을 달라지게 만든다. 그런 이유로 나는 아이들에게 적극적인 봉사활동을 권한다. 자신이 가진 재능으로 누군가를 도울 수 있다는 사실을 깨우치는 것만으로도 아이들에겐 강한 동기부여가 된다.

K.F.C. 동아리 활동 중 기억에 남는 일을 이야기할 때 아이들은 단연 해리초등학교 봉사활동을 꼽는다.

해리초등학교는 전라북도의 오지 마을에 위치해 있다. 우리는 도시에 비해 로봇을 접할 기회가 흔치 않은 아이들을 위해 로봇 캠프를 열었다.

올해 동덕여대 컴퓨터학과에 합격한 영린이에게 이때의 경험은 자신의 미래를 설계하는 데 중요한 역할을 했다.

고등학교 1학년 때 처음 해리초교 봉사활동에 참여한 영린이는 아이들에게 재미를 줄 수 있는 로봇을 만들어주고 싶어 했다.

그래서 떠올린 아이디어가 로봇 행진 장면을 연출하여 로봇의 다양한 움직임을 보여주는 것이었다.

레고로 만든 여러 개의 로봇이 움직이자 아이들이 와~하고 환호성을 질렀다.

영린이는 이때 자신이 가진 재능만으로 타인을 행복하게 해줄 수 있다는 것에 보람을 느꼈다. 그리고 1년 뒤 다시 해리초교 봉사단에 합류했다. 이번엔 작년보다 더 재미있는 것을 보여줘야 한다는 생각에 로봇씨름대회와 자동차경주를 기획했다.

작업은 흥미로웠으나 과정마다 많은 어려움이 따랐다. 여러 차례 시행착오를 거치는 동안에도 영린이는 배우는 게 있었다.

재미와 승부근성이 어우러지면 지적 호기심을 증가시킬 수 있다는 것!

또 하나, 어렵고 복잡한 기술보다 간결하더라도 진정 사람을 이해하며 많은 이들을 행복하게 해주는 기술이 중요하다는 것.

소중한 깨우침을 얻은 영린이는 인근 고교 로봇 동아리 부장들을 불러모아 국내 최초의 로봇 창작 활동 매뉴얼《로봇스포츠 데이》발간에 앞장섰고, 어린아이부터 할머니, 할아버지까지 즐길 수 있는 로봇 경기를 만들었다.

영린이는 누구에게나 도움이 되는 사람이 되길 원했다. 동아리 친구 중에는 로봇에 대해 모르는 친구도 있었다. 그럴 땐 자기 일을 미뤄두고 친구를 도왔다. 그러다보니 항상 자기 몫은 뒷전이었다.

열정이 너무 뜨거웠던 탓일까.

컴퓨터 화면에 장시간 집중하는 날들이 계속된 나머지 눈에 이상이 생겼다. 안타깝게도 망막신경이 끊어졌다는 진단을 받고 병원에 입원하였다.

다행히 수술 결과가 좋아 큰 시름은 덜었지만 3주 동안 앞을 못 보고 병상에 누워 지냈다. 영린이는 이때 몸이 불편한 환자들의 고통에 깊이 공감하였다. 그리고 작은 친절에도 고마워하던 해리초교 아이들을 떠올렸다고 한다.

타인의 눈높이에서 세상을 바라보려고 노력하는 마음을 지닌 이 아이가 멋진 리더로 성장한 모습을 그려본다.

－사람을 존경하라, 그러면 더 많은 일을 해낼 것이다.

영국의 극작가 제임스 오웰이 남긴 말이다.

나는 4차 산업혁명시대의 화두는 인간 그 자체가 될 것이라 믿는다. 아마도 누군가에겐 인공지능이 큰 이슈로 떠오른 지금

가당치도 않은 얘기로 들릴지도 모른다. 특히 자라나는 아이들을 바라보는 부모들의 심정은 착잡할 수밖에 없다.

기계가 일자리를 대신하여 우리 아이들의 직업이 사라지는 건 아닌지.

혹은 기계가 우리를 지배하지는 않을지.

이런 시대에 아이를 어떻게 키우고 어떻게 준비시키는 것이 현명한 교육일까?

나는 교육도 경영과 마찬가지로 In put 대비 Out put 게임이라 생각한다. 비용과 노력을 들인 만큼 거둬들이길 원하는 건 부모의 당연한 요구사항일 것이다.

하지만 현실은 어떤가.

아이들은 늘 바쁘다. 부모의 기대에 부응하기 위해, 학교가 원하는 성적을 쌓기 위해. 그러면서 나날이 지쳐간다. 아이들이 지치는 건 행복하지가 않기 때문이다.

부모에겐 착한 아이가 되고 학교에서 칭찬받고 싶은 마음에 나름 열심히 따라가는 척해도 그 노력이 자신을 위한 것이 아니라면 무의미한 시간 낭비에 불과하다.

아이가 지친 모습을 보일 때 부모는 더 힘이 들고 고민도 깊어질 수밖에 없다.

학원을 바꿔주면 좀 나아지려나.

너무 힘들어하면 과외선생이라도 들여야 하나.

부모는 쉼 없이 갈등하고 고뇌한다. 이왕 같은 비용을 들일 바엔 되도록 짧은 기간에 원하는 결과를 얻고 싶지만, 아이를 억지로 책상에 끌어 앉힌다고 능사가 아니란 걸 알기에 이러지도 저러지도 못한다고 하소연하는 엄마들도 있다.

결론부터 말하자면 진짜 교육은 빠른 결과를 나타내기가 쉽지 않다.

나는 이 모든 고민의 해결책을 놀이에서 찾았다. 그 놀이가 레고든 체스든 바둑이든 북이든 장구든 혹은 춤이나 음악, 다른 어떤 것이든 상관없다.

아이들이 자신만의 놀이로 최고의 자기다움을 찾게 해주는 것이면 족하다.

2018년 9월 1일 제4회 용인시 청소년축제가 열린 시청 광장은 뜨거운 함성과 열기로 가득 찼다. 축제 슬로건은 '미래를 그리다, 현재를 즐기다.'

이날 재준이와 호연이를 비롯한 K.F.C. 팀 부스는 청소년뿐만 아니라 일반인 관객들의 발길이 끊이질 않았다. 재준이와 호연이는 《로봇스포츠데이》의 필자이기도 하다.

재준이는 로봇 골프를, 호연이는 로봇 볼링을 담당하여 초보자들도 로봇을 즐길 수 있도록 친절하게 설명하여 많은 이들의 호응을 얻었다. 치어리딩, 비보잉 등 이날 행사에 참여한 전문 공연팀들도 K.F.C. 팀 부스에서 로봇들의 운동회를 즐기며 매우 신기해했다.

나는 춤과 음악, 로봇이 하나로 어우러진 광장에서 우리 아이들의 미래를 보았다.

기계와 인간의 가장 큰 차이는 질문하는 힘, 그리고 사랑이다.

질문하는 힘 = 호기심, 사랑 = 열정이 된다.

좋아하는 놀이를 즐겨 하다보면 그 놀이를 잘하고 싶어지는 마음이 우러난다. 그것이 열정이다. 호기심은 자신이 좋아하는 놀이를 어떻게 하면 잘할 수 있는지 생각하고 방법을 찾는 가운데 자연스럽게 우러나는 현상이다.

열정이 먼저인지 호기심이 먼저인지는 무의미한 질문일 수도 있다.

좋아하는 놀이를 하면서 잘하고 싶고, 잘하게 되면서 느끼는 열정과 숙련의 과정에서 생기는 호기심은 기계와 로봇과 일자리 경쟁에서 결정적 차이로 작용한다. 인공지능이 대단한 것 같아도 하나의 기계일 뿐이다. 기계는 서로 관계 맺으며 놀 수가 없다. 하지만 이 시간 우리 아이는 놀 수 있다. 아니 너무나 놀고 싶어 한다.

이제 나는 인공지능과의 미래 일자리 대결에서 반드시 필요한 내 아이들의 경쟁력은 '놀이'라고 자신 있게 말할 수 있다. 아무리 훌륭한 기계도 인간의 삶에 대한 어떤 욕구나 의도를 장착하고 있지는 않다. 설령 있다 해도 그것은 주인인 인간의 순간적 의지를 작동시키는 것에 불과하다. 오직 열정을 가진 인간만이 세상을 앞으로 나아가게 할 수 있다.

기계는 아무것도 궁금해하지 않는다. 사람 그 자체를 아는 건 인간뿐이다.

결국 놀이가 답이다.

나는 놀이의 힘을 믿는다.

놀선생 임현주와 한국의 잘 노는 아이들

유선이는 플레이웰코리아 1호 회원이다. 죽전에 플레이웰센터를 오픈한 첫 주, 생후 26개월 된 아이를 데려온 엄마는 전혀 뜻밖의 이야기를 꺼냈다.

"잠깐 한눈 판 사이 아이가 손을 다쳤는데 재활치료하는 병원에서 레고를 권하더군요."

처음엔 대체 무슨 얘긴지 이해하기 어려웠다. 레고를 재활치료에 활용할 수 있다는 것도 금시초문.

유선이는 과도를 잘못 만져서 손가락 근육에 손상을 입은 상태였다. 그런데 의사는 통원치료보다 레고를 가지고 놀게 하는 게 재활에 도움이 될 거라 조언했다는 것이었다.

다친 손가락은 상처가 아물었으나 어린아이라 움직임이 몹시 불편해 보였다. 이럴 때 레고가 도움이 된다는 건 솔직히 나도 몰랐던 사실이다.

그로부터 얼마나 지났을까.

매주 센터에 와서 레고를 가지고 놀던 아이는 어느 날부턴가 손가락 움직임이 매우 자연스럽게 느껴졌다. 브릭을 끼워 맞추느라 이리저리 돌리고 주물럭거리며 뭔가를 만드는 작업을 되풀이하는 동안 운동신경이 활발하게 되살아난 것이었다.

엄마 손에 이끌려올 때만 해도 치료가 목적이던 유선이는 날이 갈수록 레고의 재미에 푹 빠져들었다. 생후 26개월부터 하던 레고를 고등학교 2학년인 지금까지 줄곧 해왔으니 레고와 함께 자랐다고 해도 과언이 아니다.

2013 호주로보컵주니어대회를 시작으로 2015 싱가포르로보컵대회에도 참가하여 열심히 팀워크를 다졌으나 아쉽게도 4위를 기록한 유선이는 이제 직접 제작한 로봇 볼링 콘텐츠로 학교 동아리를 이끌고 2019 베이징 로봇 챌린지를 준비하고 있다.

―저에게 레고란 친구입니다. 친구와 놀 때 즐겁듯이 레고를 할 때 즐겁고, 지칠 때 레고와 놀면 기분이 나아지는 것 같기 때

문입니다.

《로봇스포츠데이》에 유선이가 쓴 글이다.

무엇보다도 이 아이가 자신이 좋아하는 놀이를 꿈의 도구로 활용하고 있다는 점이 기특하고 대견스럽다.

아이들이 놀이를 통해 성장하는 모습을 지켜볼 때 나는 가장 행복하다.

지금 이 순간도 그 아이들이 내게 오고 있다.

놀선생 임현주와 함께 저 높은 곳으로 날아오르기 위해.

그래.

놀자.

놀자.

펑펑 놀자!

브레인스포츠
실천편

양육자가 아이를 안아주고, 흔들어주고, 노래 불러 주고, 코를 비벼주는 등의 행동은 어떻게 아이의 두뇌를 자라게 할까?

미국의 교육심리학자 에릭 에릭슨Erik Erikson은 영유아의 발달단계별 놀이의 특성을 다음과 같이 분류하였다.

첫째, 아이가 자신의 신체를 가지고 놀이를 하는 단계

이 시기 아이는 자신의 감각기관을 이용하거나 운동능력을 반복적으로 시도한다. 아이는 이러한 놀이를 통해 자신의 세계를 탐색하고 차츰 주변으로 관점을 옮겨가게 된다. 놀이의 주요 대상은 양육자가 되며, 아이는 양육자와의 상호작용을 통해 여러 반응을 살피는 가운데 주변 세계에 대해서도 관심을 기울이기 시작한다.

둘째, 놀잇감이나 사물이 놀이대상이 되는 단계

이 시기 아이는 사물의 일정한 법칙을 이해하게 된다. 이 단계에서의 놀이 활동은 현실사회에 적응하기에 앞서 경험으로 숙달시켜야 할 중요한 의미를 지니게 된다. 아이는 스스로 조작 가능한 놀잇감을 가지고 혼자 놀이를 하는 가운데 놀잇감에 익숙해지고 즐거움을 느끼게 된다.

셋째, 다른 사람과 함께 놀이를 즐기는 단계

아이는 주변 사물을 통해 숙달시킨 법칙들을 타인과의 놀이를 함께함으로써 놀이영역을 확장시켜 나가고, 자아를 조절하고 현실 세계에 적응하는 방법을 배우게 된다.

요컨대 아이는 세상은 안전하고 살만한 곳이라는 단계적인 확신을 통해 자신이 결정하고 스스로 통제할 수 있는 독립된 인격체임을 인식하며, 이로써 새로운 것을 시도하고 실패를 처리할 수 있는 능력을 개발한다. 이러한 기본적 기술을 배우고 나서야 아이는 다른 사람들과 함께하면서 놀이의 영역을 확장할 수 있다.

세 살이 되기까지 아이의 뇌 안에선 무려 1,000조 개의 시냅스 Synapse, 뇌 신경세포를 이어주는 연결 배선가 생겨난다고 한다.

과학자들은 시냅스가 가장 생산적으로 만들어지는 시기는 출생에서 열 살까지라는 사실을 밝혀냈다. 또한 영유아기 아동이 받아들이는 자극은 대뇌 속에서 어떤 시냅스를 만들지 결정짓는 요소가 되며, 반복적인 자극에 따라 시냅스의 기능은 영속성을 가진다고 보았다.

두뇌 배선 연결을 촉진시키는 최상의 방법은 아이가 필요로 하는 것을 공급하는 일이다. 양육자의 사려 깊은 관심과 보살핌, 아울러 아동의 정서적·지적 요구를 채워 줄 수 있는 놀이가 그것이다.

브레인스포츠 실천편은 아동의 두뇌발달을 촉진하는 놀이와 그 방법에 대한 양육자의 이해를 돕기 위한 장이다. 특히 아이와 놀아줄 시간이 부족한 워킹맘들에게 효율적 육아의 실천 팁으로 활용할 될 수 있는 놀이법 위주로 구성하였다.

뇌를 깨우는 애착놀이
– 세상은 믿을 만해요!

1. 넌 환영받는 아이야!

양육자와 아이는 서로 이마를 대면서 '이마뽀뽀', 볼을 맞대고 '볼뽀뽀', 발바닥을 맞대고 '발뽀뽀'라고 말하면서 즐거운 놀이를 이어간다. 신체 어느 부위든 아이와 양육자가 같은 부위를 맞대며 뽀뽀놀이를 이어가면 된다.

2. 우린 똑같아!

양육자가 아동에게 색깔 스티커를 붙이고, 아동도 양육자에게 자신과 같은 위치에 스티커를 붙이게 한다. 아동과 양육자가 똑같이 꾸며질 때까지 붙이는 게 포인트.

　나중에 스티커를 떼어내기 전에 아동과 양육자가 함께 같은 위치의 스티커를 맞댄다(예 : 코와 코, 팔꿈치와 팔꿈치—스티커뽀뽀).

3. 어떻게 알았지?

아이가 조금 이동해서 찾을 수 있는 곳에 브릭을 숨긴다. 브릭을 아이에게 숨기게 하고 양육자가 찾아낸다. 양육자가 숨겨둔 브릭을 아이가 찾아낼 때, 아이가 숨긴 브릭을 양육자가 찾아낼 때는 보물을 찾은 것처럼 즐거워하고 자랑하고 감탄의 언어와 동작으로 최대한 기쁨을 표현한다.

4. 따라해 볼래?

아동과 거울을 마주 본 자세에서 양육자가 팔, 얼굴 또는 다른 신체 부위를 움직이면서 아동에게 똑같이 움직여보라고 한다. 지나치게 활동적인 아동에게는 느린 동작을 유도하거나 속도에 변화를 줌으로써 그 순간만큼은 양육자와의 놀이에 집중하게 한다. 번갈아가며 아이가 리더가 되고 양육자가 따라하는 방법으로 놀이를 이어갈 수 있다.

5. 예뻐라!

로션을 아동의 팔, 손, 다리, 발 등에 발라준다. 바르는 중 아이가 좋아하는 노래를 불러 준다(아이의 이름이나 지금 하고 있는 놀이에 대한 내용으로 가사를 바꿔 노래를 불러줄 수도 있다). 아동의 감각 욕구에 주의를 기울여 로션을 바르는 동작을 리듬감 있게 연출하며 양육자와 아이가 반응의 강약을 경험하게 한다. 피부가 예민한 아이는 파우더를 사용하는 것이 좋다.

6. 깜짝이야 쭉쭉

로션을 이용한 놀이 활동 중 돌발적인 자극에 대한 반응을 볼 수 있는 놀이.

이 활동은 아동의 신체에 강한 압력을 줌으로써 감각의 욕구를 확인하는 기회가 될 수도 있다. 양육자는 아동의 팔이나 다리에 로션을 바른다. 그리고 예고 없이 아동의 팔이나 다리를 잡고 "미끌미끌 쭉쭉!"이라고 말하면서 적당한 힘으로 당긴다. 아동의 미끄러운 팔이나 다리를 양육자가 손에서 놓을 땐 다소 과장되게 "깜짝이야!" 벌러덩 뒤로 넘어지는 척한다.

아동이 얼마나 빨리 자신의 손을 양육자의 미끄러운 손에서 빼내는지, 또는 얼마나 재빨리 다시 양육자의 손을 움켜쥐는지 확인한다.

7. 엄마(아빠)를 이겨봐

양육자와 아동이 엄지손가락을 맞대고 힘겨루기 씨름을 한다. 오른손을 깍지 낀 상태에서 엄지손가락이 아래로 깔리도록 하는 게 포인트.

8. 쉘 위 댄스?

양육자의 발등에 아이가 올라서게 한 다음 함께 천천히 방 안을 걸어 다닌다. 양육자는 아이가 발등에서 떨어지지 않도록 꼭 끌어안고 움직인다. 이때 아이가 좋아하는 노래를 틀고 춤 동작을 함께하거나, 아이를 사랑하는 양육자의 마음을 이야기로 들려주면 보다 효과적이다.

9. 네가 아기였을 때

아이들은 자신이 기억하지 못하는 아주 어렸을 적 에피소드에 강한 흥미를 나타낸다. 양육자는 아이와 얼굴을 마주 본 상태에서 다정하게 눈을 맞추고 이야기를 들려준다. "네가 아기였을 때……."로 이야기의 문을 여는 게 포인트.

10. 후후 불어라 솜공

솜공을 스카프나 긴 천의 한쪽 끝에 두고 양육자와 아동이 불어서 상대편으로 밀어내기 게임을 하는 방법이다. 솜공을 양손 위에 놓고 아동의 손 안에 불어넣기도 한다.

11. 이 정도쯤이야!

머리, 손, 어깨 등 신체의 특정 부위만을 사용하거나 전혀 사용하지 않으면서 풍선을 바닥에 떨어지지 않게 쳐서 올린다. 만약 발을 사용한다면 양육자와 아동이 같이 바닥에 누워 발로 풍선

브레인스포츠

을 부드럽게 쳐야 한다.

[TIP] 세탁소 철사 옷걸이로 둥근 채를 만들고 안 신는 스타킹을 씌우면 멋진 테니스 채가 된다. 아동과 양육자는 서로 풍선을 주고받으며 테니스 놀이를 할 수 있다.

12. 부숴버리자!

분노, 노여움, 미움, 원망 등의 부정적인 감정을 다스리는 방법으로 적합한 놀이. 양육자는 아이 앞에 신문지를 팽팽히 펴서 잡고 선다. 신호를 주면 아이가 신문지를 격파하도록 한다. 이때 양육자는 신문지를 팽팽하게 꽉 잡아 아이가 주먹을 날렸을 때 찢어지는 느낌이 만족스럽도록 해야 한다.

여러 번 반복해도 좋다. 마무리로 신문지 뭉치를 꼭꼭 뭉쳐 공을 만들게 한다. 그런 다음 양육자가 양팔을 둥그렇게 해서 만든 골대에 공을 골인시키게 한다.

상상력과 창의성을 키워주는 단계별 레고 놀이 – 뭐든지 만들 수 있어요!

1. 다양한 브릭을 탐색해요!

브릭은 아이들 자신이 원하는 것을 마음껏 표현하고 그것이 무조건 수용되는 경험을 하기에 효과적인 놀이 도구이다. 아이들은 충분한 감각 활동과 반복운동을 통해 학습하므로 브릭은 색상, 모양, 질감이 다양한 것으로 선택해야 한다.

　대표적인 브릭 제품으로는 종이블럭, 유니트블록, 사각 와플블록, 듀플로 레고, 가베, 카프라, 짐보리 맥포머스, 자석블럭, 몰펀 등이 있다. 이 중 어느 것을 선택해도 무방하나, 아이가 쌓은 브릭 조각들이 와르르 무너져도 안전할 수 있을 만큼 무게는 가벼운 것이 중요하다.

2. 내가 원하는 브릭을 선택할 수 있어요!

레고는 유아 발달에 적합한 다양한 종류의 브릭 제품을 개발하였다. 소프트 브릭Soft Brick세트 아이들이 실제 크기의 피겨, 벽, 탑, 장애물 코스 등을 조립하면서 신체 동작 기술 및 공간 인지력이 자연스럽게 개발되도록 구성되었다.

아이들이 가장 좋아하는 레고는 레고사람과 동물피겨다. 레고인형과 스스로를 동일시하면서 자신이 경험한 세상을 레고로 표현하는 과정을 통해 실제적 현실에 관련된 스토리를 만들어 낼 수 있다.

3. 브릭을 이쪽에서 저쪽으로 옮겨요!

아이들은 색색의 브릭과 피겨를 살펴보는 과정에서 모양과 색깔, 크기, 질량, 무게감 등을 반복적으로 학습한다. 이 시기는 조립이 아니라 브릭 자체를 완전히 경험하는 것에 관심이 집중되어 있다. 이것은 사물의 물리적 속성을 이해하기 위한 탐색과정이다. 브릭이 더해지고 없어지는 과정을 통해서는 간단한 더하기와 빼기의 개념을 이해할 수 있게 된다.

듀플로 판에 동물피겨나 레고인형을 가득 세워 놓고 소꿉놀이만 한다고 걱정하지 마시라! 지금 당신의 아이는 어림하기와 측정하기 수학적 개념을 브릭 옮기기를 통해 배우는 중이다.

4. 브릭을 높이높이, 길게길게 쌓을 수 있어요!

브릭 쌓기 놀이는 수직적인 개념과 수평적 개념을 이해하게 한다. 수직의 고층빌딩뿐만 아니라 수평의 도로를 만들기도 한다. 기능적인 숙달을 위한 반복놀이의 효용성이 분명하게 나타나는 단계이다.

이 단계에서의 반복은 아이들의 두뇌 발달에 매우 중요하다. 아이들의 반복하는 활동을 선택했을 때 느끼는 즐거움은 두뇌 성장을 촉진시킨다. 아이들은 모두 다른 방식으로 높이 쌓기와 줄세우기를 반복하고, 이것에 숙달되면 마루 또는 벽처럼 브릭들을 병렬로 쌓기 시작한다. 여기서는 먼저 한 가지 브릭을 다 놓고 나서 또 다른 브릭을 놓는 것이 특징이다. 이것이 다 완성된 이후에 다음 쌓기 단계로 이동한다.

5. 다리를 만들 수 있어요!

수직으로 세워진 블록 사이의 공간을 지붕으로 잇는 단계에서 2개의 받침대 역할을 하는 브릭은 충분한 길이로 놓여야 한다. 처음으로 다리 만들기를 시도하는 아이들은 바닥에 기본 브릭 하나를 놓고, 양 끝에 2개의 브릭을 수직으로 세울 때 혼동을 느낀다. 양 끝을 연결하기에는 브릭의 길이가 짧다는 사실을 인지할 때까지 이 과정을 반복한다.

여러 가지 방법을 시도하는 과정에서 아이들은 마침내 그 방법에 통달하게 된다. 그리고 이 구조물을 통해 자신이 새롭게

　　　　　　　　　　　　　　　　　　　　　　브레인스포츠

배운 기술들을 반복적으로 연습하면서 다리는 정교해진다.

6. 크기나 모양이 다른 브릭으로 공간을 둘러싸는 울타리를 만들 수 있어요!

아이들은 공간을 둘러싸기 위해서 브릭을 사용한다. 길처럼 보이는 효과를 내기 위해 다양한 울타리 쌓기 형태들을 만들게 될 것이다. 원이나 타원형, 공간을 둘러싼 울타리 크기와 모양은 다양하게 연출될 수 있다. 그저 경계를 표현하기도 하고, 정교한 교차쌓기를 통해 단단한 울타리를 표현하기도 한다.

7. 패턴과 대칭을 표현할 수 있어요!

이 시기 아이들은 장식적이며 대칭적인 패턴을 지닌 균형 잡힌 구조물을 만들 수 있다. 아이들이 구조물을 쌓다가 시각적인 대칭 감각을 발휘하게 된 것인지, 혹은 브릭을 쌓는 물리적인 행위를 반복하면서 운동감각이 발달되어 대칭을 이룬 것인지는 분명하지 않다. 다만 이것은 아이의 성장을 증명하는 단초가 된다.

쌓기를 할 때 브릭을 왼쪽, 오른쪽, 앞, 뒷면에 놓는 규칙적이며 계획적인 행동은 1:1 대응이 가능하며 조립도를 볼 수 있는 시기가 되었다는 의미이다. 아이들은 자신의 구조물을 완성하기 위해 필요한 부품들을 필수적으로 찾아낸다. 필요한 브릭들을 갖고 있는 친구들에게 교환이 가능한지를 물어보기도 한다_협 _{상기술 습득 단계}. 또한 브릭이 더해지고 없어지는 과정을 통해 간단한 더하기와 빼기의 개념을 이해할 수 있다. 이 단계에서 공간 지각력도 더불어 향상된다.

8. 경험과 생각을 연결해서 표현할 수 있어요

위에 설명한 1-7까지의 단계로부터 배운 기술들을 결합할 수 있게 되면 아이들 자신의 경험과 생각을 브릭 구상표현을 통해 재현할 수 있게 된다.

초기 구상표현에서는 구조물을 구상하는 동안 혹은 만들기를 완성한 뒤에 아이가 자신의 창조물에 대한 이름 붙이기를 시작한다. 그런 다음 후기 구상표현 단계로 들어가면, 만들기 전에 미리 무엇을 만들지 생각하고 구조적인 면에서 실물에 가까운 표현을 위한 기획 단계를 거친다.

가령 코끼리를 형상화할 계획을 가진 아이는 '코끼리 만들 거예요.'라고 말하고 작업을 시작한다. 그리고 '코끼리는 다리가 네 개고 귀가 커요.' '코가 이렇게 길어요.' 등등 구체적인 형상을 떠올려 표현하기를 시도한다.

9. 이 안엔 뭐가 있을까?

도구의 작동과 기계적인 원리가 궁금하다. 엘리베이터는 어떻게 움직이지? 시계는 똑딱똑딱! 이것을 움직이게 하려면 어떻게 해야 할까? 지레, 도르래, 기어, 바퀴와 축 등 기계의 매커니즘을 통해 물리적인 사고와 공학적인 감각을 키울 수 있다.

10. 이게 코딩이구나!

자, 당신의 아이는 원하는 것을 만들고 그것을 자동으로 움직이게 하는 과정을 익힘으로써 입력과 출력이 가능한 컴퓨팅 사고의 영역, 즉, 코딩의 길에 들어섰다. 코딩과 메이커 교육이 한 번에 이루어지는 창조의 경험은 디지털 시대 최고의 경쟁력이다.

보다 자세한 정보를 원한다면 구글에서 플레이웰코리아를 검색하시길!

수학능력과 논리적 사고를 키워주는
체스 원 포인트 레슨 – 문제를 해결할 수 있어요!

1. 체스가 왜 좋을까?

많은 사람들이 체스에 대해 가지고 있는 이미지가 있습니다. 체스는 똑똑한 사람을 위한 게임, 계산을 잘하지 않으면 배우기 어려운 게임, 체스를 잘하려면 똑똑해야 하는 게임, 이러한 이미지 때문에 "나도 체스를 할 수 있을까?"라는 생각으로 쉽게 체스라는 게임을 배우지 못합니다.

  체스의 진정한 매력은 "재미"입니다. 체스에 대한 고정관념을 빼고 체스를 배워 보세요. 체스가 무척이나 재미있다는 것을 알 수 있습니다. 실제로 체스는 세계 7억 명 이상이 규칙을 알고 즐기고 있습니다. 체스를 두는 모든 사람들이 똑똑해서 체스를 즐기는 것이 아니라, 체스가 무엇보다 '즐겁기' 때문입니다.

■ 체스는 어디서나 즐길 수 있습니다. 체스판의 크기도 다양해서 휴대형 체스판이나, 토너먼트 체스판을 들고 다니면 언제 어디서나 체스를 즐길 수 있습니다. 친구들과 같이 체스의 세계로 떠나보세요! 집에 와서는 친구들이 곁에 없어도 컴퓨터나, 스마트폰을 이용해서 체스를 즐길 수 있죠!

■ 체스는 가장 공정한 게임입니다. 운은 전혀 상관없습니다. 주사위를 굴리는 게임도 아니고, 카드를 뽑는 게임도 아닙니다. 게임의 결과는 여러분이 어떻게 하냐에 달렸습니다.

■ 나이, 성별, 인종과 관계없이 누구나 체스를 둘 수 있고, 더 다양한 사람들을 만날 수 있는 계기가 됩니다.

■ 체스를 배우는 것은 정말 쉽습니다(Easy to learn, hard to master)!

■ 체스에는 항상 더 잘하기 위한 좋은 전략들이 넘쳐요! 모든 체스 경기는 전장의 긴장감, 새로운 아이디어들, 승리의 짜릿함이 있어요. 인류는 이미 1,500년 전부터 체스를 즐겨왔으며 지금까지도 그 인기가 식을 줄 모른답니다!

예전에는 체스에서 가장 강한 퀸이 없었답니다. 퀸이 추가되고, 폰이 변신하는 프로모션이 추가되고, 몇몇 기물의 움직임이 바뀌고 나서 지금의 체스가 만들어집니다. 체스는 왕족과 유럽 귀족에게서 선풍적인 인기를 끌었지요(나폴레옹도 체스를 두었답니다).

18세기 유럽에서는 카페에서 체스를 두는 것이 굉장한 인기였습니다. 체스 고수들을 카페를 돌아다니며 체스를 두기도 했습니다. 그리고 그러한 카페들이 "체스 클럽"으로 재탄생하게 되죠.

많은 사람들이 체스를 즐기자, 이제 '체스대회'가 생기기 시작했어요. 체스를 하루 종일 두면서 '누가 체스를 제일 잘하나' 시합을 하는 거죠. 이제는 세계에 수많은 체스대회들이 있고, 한국에도 많은 체스대회가 있답니다.

2. 초보자를 위한 체스

체스는 두 명의 상대가 체스판을 가운데 두고 마주 앉아 플레이합니다. 체스판은 총 64개의 정사각형에 두 개의 색이 번갈아가며 배치되어 있습니다. 각 플레이어는 16개의 기물을 가지고 시작합니다. 킹 1개, 퀸 1개, 룩 2개, 비숍 2개, 나이트 2개, 폰 8개입니다. 게임의 목표는 상대방의 킹을 체크메이트하는 것입니다. 체크메이트는 킹이 잡힐 수 있는 자리에 있으면서 (체크) 잡히는 것을 피할 수 없을 때 이루어집니다.

3. 게임 시작하기

게임을 시작할 때 체스판은 각 플레이어의 우측 아래 코너에 흰색(혹은 밝은 색) 정사각형이 위치하도록 놓습니다. 그 뒤 체스 기물을 항상 같은 규칙으로 배치합니다. 두 번째 선랭크은 폰으로 채웁니다. 룩들은 각 코너로 배치하며 그 옆에 나이트, 비숍의 순으로 배치하고 퀸은 항상 본인의 색깔(백 퀸은 백색, 흑 퀸은 흑색)에 맞추어 비숍 옆에 놓습니다. 그리고 남은 자리에 킹을 배치

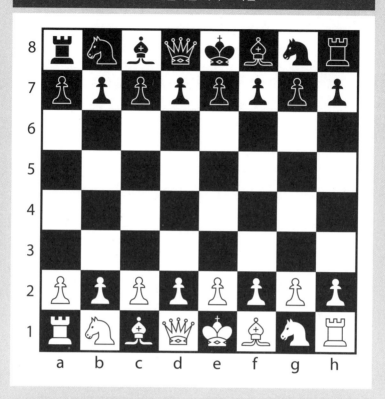

체스의 올바른 시작 포지션

체스 기물의 종류와 움직임

킹　　퀸　　비숍　　나이트　　룩　　폰

합니다.

항상 백 플레이어가 먼저 수를 둡니다. 그러므로 플레이어들은 보통 누가 백을 쥘 것인지를 무작위로 선택합니다(예를 들어 동전 뒤집기나 손 안에 있는 폰의 색깔 맞추기 등). 백이 먼저 이동한 뒤 흑이 이동하고, 그 뒤에 백, 다시 흑의 순서로 게임이 끝날 때까지 교차하며 둡니다.

6가지의 기물들은 각각 다른 방식으로 이동합니다. 기물들은 다른 기물을 뚫고 갈 수 없으며(나이트는 예외적으로 다른 기물을 뛰어넘을 수 있습니다), 본인의 다른 기물이 놓인 자리로 이동할 수 없습니다.

하지만 상대방의 기물이 있는 자리로 이동할 수는 있으며, 이 경우 그 기물은 잡히게 됩니다. 기물들은 보통 적 기물을 잡을 수 있는(적 기물을 제거하고 그 자리를 차지하는 행위) 위치나 아군이 공격받을 경우 수비할 수 있는 자리, 혹은 게임에 선점해야 할 중요한 자리로 이동됩니다.

킹

킹은 가장 중요하지만, 가장 약한 기물 중 하나입니다. 킹은 위, 아래, 양 옆, 그리고 대각선 어느 방향이든 한 칸씩만 이동할 수 있습니다.

퀸

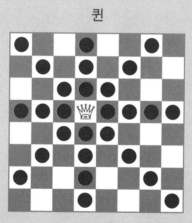

퀸은 가장 강력한 기물입니다. 퀸은 앞, 뒤, 옆, 대각선으로 어떤 방향이든지 일직선으로 원하는 만큼 이동할 수 있습니다. 단, 본인의 기물을 뚫고 갈 수 없습니다. 그리고 다른 기물들과 마찬가지로 적을 잡은 경우에는 수가 끝납니다.

룩

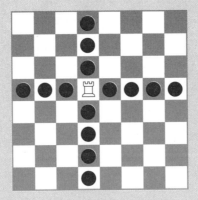

룩은 원하는 만큼 움직일 수 있지만 앞, 뒤, 혹은 양옆으로만 이동이 가능합니다(가로, 세로). 룩은 둘이 서로를 보호하며 협동할 때 특히 강력해 집니다!

비숍

비숍은 원하는 만큼 이동할 수 있지만, 대각선으로만 가능합니다. 각 비숍은 한 개의 색깔에서 시작하게 되고(밝은 칸 혹은 어두운 칸), 그 색으로만 다닐 수 있습니다. 2개의 비숍은 서로의 약점을 보완하기 때문에 협동하기 좋습니다.

나이트

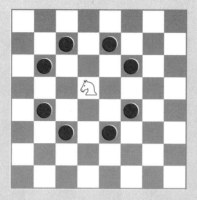

나이트는 다른 기물과 전혀 다른 방식으로 이동합니다. 한 방향으로 두 칸을 이동하고 그와 90도를 이루는 방향으로 한 칸 이동하여 'L'자 모양으로 갑니다. 기물 중 유일하게 다른 기물을 뛰어넘을 수 있습니다.

폰

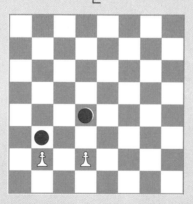

폰들은 일반 이동과 잡을 때의 이동이 다르다는 점이 특이합니다. 일반 이동은 앞으로 하며, 잡을 때는 대각선으로 갑니다. 폰은 한 번에 한 칸만 앞으로 이동할 수 있지만, 처음으로 움직이는 폰은 두 칸을 이동할 수도 있습니다. 잡을 때는 대각선으로 한 칸 앞에 있는 상대 기물만 잡을 수 있습니다. 절대 뒤로 이동하거나 뒤로 잡을 수 없습니다. 폰 바로 앞에 다른 기물이 있을 경우 뛰어넘거나 잡을 수 없습니다.

기물의 움직임(테스트)

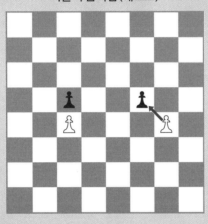

※체스를 플레이하는 규칙과 기본은 체스닷컴을 참고했습니다.

브레인스포츠

Quiz 01

검은색 폰이 움직일 수 있는 단 한 가지의 방법을 찾아보세요.

(검은색 폰은 아래 방향으로 움직입니다. 답은 화살표로 표시하세요. 해답은 308쪽)

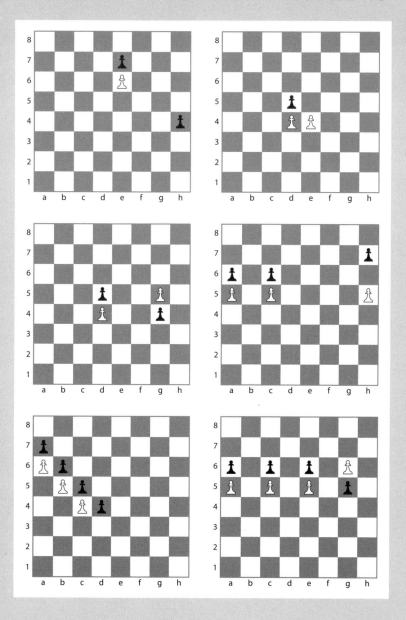

검은색 나이트로 하얀색 나이트를 잡아보세요.

(답은 화살표로 표시하세요. 답이 없는 것은 X 표시하세요. 해답은 310쪽)

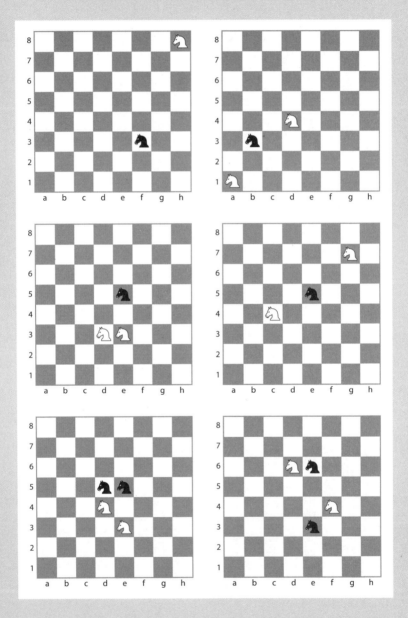

Quiz 03

하얀색 비숍으로 검은색 비숍을 잡아보세요.

(답은 화살표로 표시하세요. 답이 없는 것은 X 표시하세요. 해답은 312쪽)

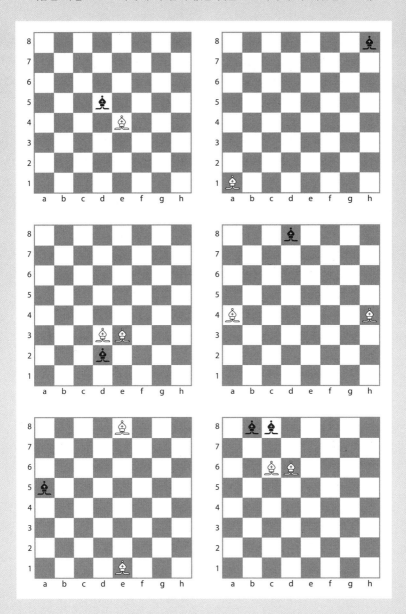

Quiz 04

하얀색 룩으로 검은색 룩을 잡아보세요.

(답은 화살표로 표시하세요. 답이 없는 것은 X표시하세요. 해답은 314쪽)

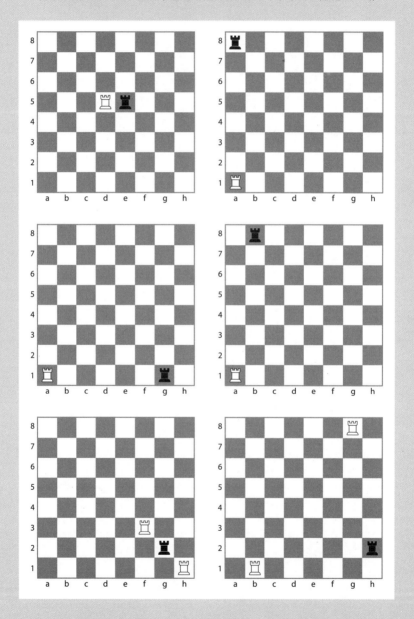

[TIP] **터치무브** : 체스에서는 터치무브라는 예절이 존재합니다. 터치무브란 내 차례일 때 처음 내가 만진 기물을 반드시 움직여야만 하는 체스 예절 중 하나입 니다. 터치무브를 지키지 않고 다른 기물을 움직이면 반칙입니다.

4. 체스의 특수 규칙

체스에 관해 '킹을 잡으면 이기는 게임'이라고 잘못 알고 있는 경우가 많아요. 실제로는 '킹을 포위하면 이기는 게임'이라는 표현이 정확해요!

■ 폰 특수 규칙(프로모션, 승진)

폰은 또 하나의 특별한 능력이 있는데, 그것은 체스판의 끝까지 다다를 경우 다른 기물로 교체될 수 있다는 것입니다(프로모션, 혹은 한글로 승진이라고 합니다). 폰은 어떠한 기물로든 프로모션 할 수 있습니다(흔히 잘못 알려진 상식 중에 하나는 폰이 이미 잡힌 기물과만 교환될 수 있다는 것인데, 이것은 잘못된 상식입니다). 폰은 보통 퀸으로 승진합니다. 상황에 따라서는 룩, 비숍, 나이트로도 승진할 수 있습니다. 폰은 그대로 폰일 수는 없으며, 킹으로는 승진할 수 없습니다.

■ 폰 특수 규칙(앙파상, En passant)

폰과 관련된 마지막 규칙은 '앙파상'이라고 하는데, 이것은 영어로 'in passing지나가는 중에'라는 뜻입니다. 어떤 폰이 첫 이동으로 두 칸을 앞으로 감으로써 상대방 폰의 바로 옆 칸으로 이동하는 경우(그 상대방 폰이 잡을 수 있는 자리를 지나가게 되는데) 상대방 폰은 그 폰을 앙파상으로 잡아버릴 수 있습니다. 이 특별한 규칙으로 잡는 것은 폰이 두 칸을 이동하여 지나가자마자 해야 하며, 다른 수를 둔 후에 나중에 잡는 것은 불가능 합니다.

■ 캐슬링(Castling)

이 수는 두 개의 중요한 이동을 한 번에 할 수 있도록 해줍니다.

캐슬링은 킹 King과 룩 Rook이 동시에 위치를 바꾸는 것입니다. 체스는 한 번에 한 개의 기물만 움직일 수 있지만, 캐슬링에서만은 한 번에 2개의 기물을 움직입니다. 플레이어의 턴에 왕을 한쪽으로 두 칸 이동하고 그쪽에 있는 룩을 왕의 반대편 바로 옆 칸으로 옮깁니다. 하지만 캐슬링을 하려면 다음과 같은 조건이 맞아야 합니다.

1. 킹이 처음으로 움직이는 것이어야 합니다.
2. 캐슬링 하려는 룩이 처음으로 움직이는 것이어야 합니다.
3. 캐슬링을 하려면 킹과 룩 사이에 기물이 있어서는 안 됩니다.
4. 킹은 체크 상태이거나 킹이 통과하면서 체크 자리를 통과할 수 없습니다.

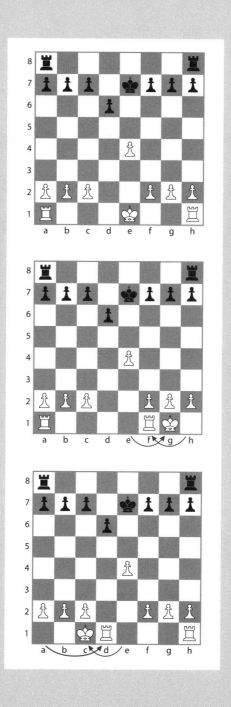

캐슬링이 가능한지, 불가능한지 O, X로 표시하세오.

(답은 화살표로 표시하세요. 답이 없는 것은 X표시하세요. 해답은 316쪽)

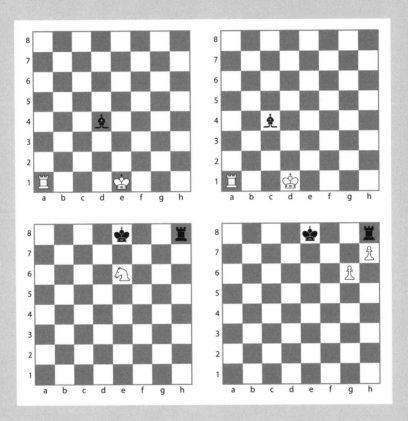

■ 무승부

가끔 체스 게임은 승자 없이 무승부로 끝나기도 합니다. 무승부로 끝나는 원인은 5가지가 있습니다.

1. 한쪽 플레이어의 차례가 됐지만, 그의 왕이 체크 상태가 아니면

서 어떤 기물도 규칙에 맞는
이동을 할 수 없는 경우를
'스테일메이트'라고 하는데,
이 경우 무승부가 됩니다.

하얀색 차례, 무승부

2. 플레이어들이 무승부에
동의하고 게임을 중지할 수
있습니다.

3. 체크메이트 할 만큼의 기
물이 남아 있지 않습니다.(예 : 킹과 비숍 한 개 vs. 킹)

4. 똑같은 포지션이 세 번 반복될 경우(세 번 연속이 아닐지라도) 플
레이어는 무승부를 선언할 수 있습니다.

5. 두 선수가 경기중 폰을 움직이지 않고 상대방 기물도 잡지 않
은 상태로 50수가 지났습니다.

여기까지가 체스의 기본입니다.
당신은 이제부터 이 매력적인 게임을 즐기기만 하면 됩니다!

Every chess master was once a beginner.

세상 모든 체스 마스터는 한때 초보자였다.
－어빙 체르네프

Quiz 01 - 해답

검은색 폰이 움직일 수 있는 단 한 가지의 방법을 찾아보세요.
(검은색 폰은 아래 방향으로 움직입니다. 답은 화살표로 표시하세요.)

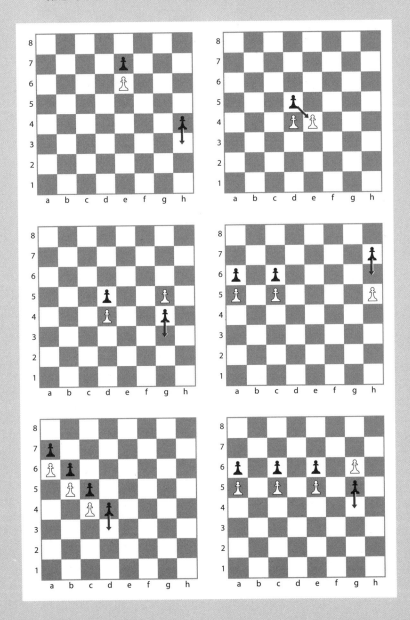

브레인스포츠

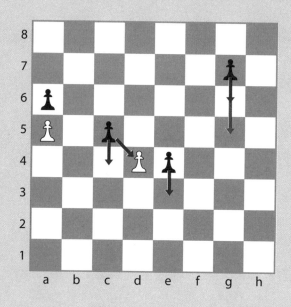

폰은 처음 시작 위치에 있을 때는 앞으로 1칸 혹은 2칸으로 이동합니다(옆으로나 뒤로는 이동하지 못합니다). 내 기물이나 상대 기물이 앞에 있으면 이동하지 못합니다. 상대 기물을 잡는 것은 오직 대각선 1칸으로 이동하면서만 가능합니다.

Quiz 02 - 해답

검은색 나이트로 하얀색 나이트를 잡아보세요.

(답은 화살표로 표시하세요. 답이 없는 것은 X 표시하세요.)

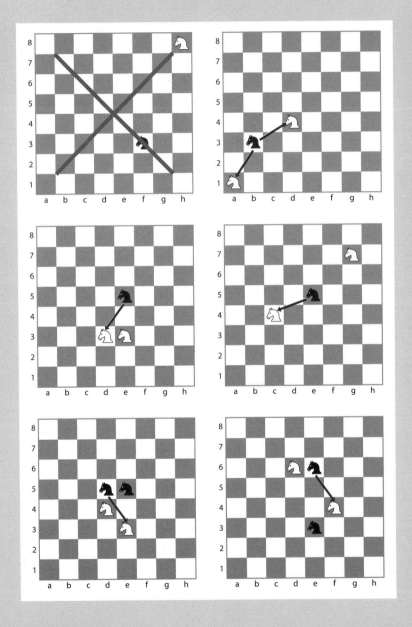

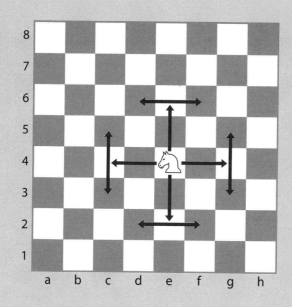

나이트는 L자 모양으로 움직입니다. 최종 도착 지점에 있는 상
대 기물을 잡을 수 있습니다.

Quiz 03 - 해답

하얀색 비숍으로 검은색 비숍을 잡아보세요.
(답은 화살표로 표시하세요. 답이 없는 것은 X표시하세요.)

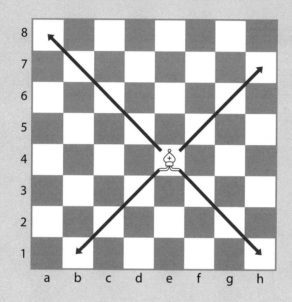

비숍은 대각선으로 움직입니다. 움직이는 경로에 상대 기물이
있으면 잡을 수 있습니다.

하얀색 룩으로 검은색 룩을 잡아보세요.
(답은 화살표로 표시하세요, 답이 없는 것은 X표시하세요.)

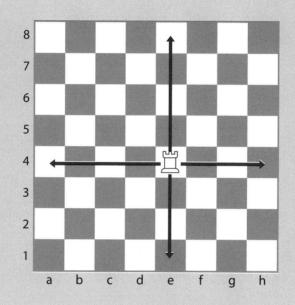

룩은 직선으로 움직입니다. 움직이는 경로에 상대 기물이 있으
면 그 자리에 도착하면서 상대 기물을 잡습니다.

Quiz 05 - 해답

캐슬링이 가능한지, 불가능한지 O, X로 표시하세요.

캐슬링은 킹과 룩이 체스를 시작하는 원래 위치에서 움직인 적이 없어야 합니다. 킹과 룩이 원래 위치이며, 룩이 공격당하지만 킹이 체크가 아니므로 괜찮습니다. 해답은 O

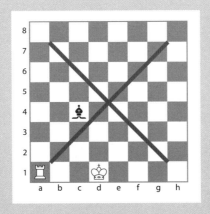

킹과 룩 사이에는 기물이 없어야 합니다. 킹이 원래 시작 위치가 아닙니다. 해답은 X

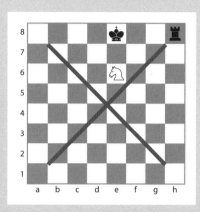

킹이 체크 상태이거나, 캐슬링하며 킹이 움직이는 경로가 공격당하면 캐슬링이 불가능합니다. 백의 나이트가 흑 킹이 이동 경로를 공격합니다. 해답은 X

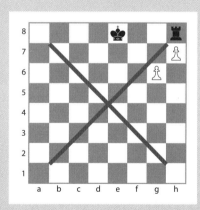

캐슬링 이후 킹이 체크를 당하는 상황이면 캐슬링이 불가능합니다. (룩이 공격당하는 것은 캐슬링을 하는데 영향을 미치지 않습니다.) 캐슬링을 한 이후 폰에 의해 킹이 체크가 됩니다. 해답은 X

나는 디즈니랜드를 좋아한다
그리고 놀이를 사랑한다

월트 디즈니가
아빠의 마음으로
지상에 없는 것을
상상하고
그것을 하나씩 만들어가며
마침내 모든 이들이 꿈꾸었던
동화 같은 세상을
창조해낸 것처럼

감히 나는
꿈꾼다.
세상 모든 아이들이
놀이를 통해

상상하고

꿈꾸고

그 안에서 성장할 수 있기를.

이 책이 나오기까지

오랜 시간 기다리며

격려와 지지를 아끼지 않은

나의 멘토

나의 남편

그리고

플레이웰에서 나와 함께 성장해준

팀원들과 선생님들께

사랑과 감사의 마음을 전한다

2018 선물 같은 크리스마스 이브에

임현주 드림

우리 아이 미래경쟁력

브레인스포츠

지은이 | 임현주
펴낸이 | 황인원
펴낸곳 | 다차원북스

신고번호 | 제2017-000220호

초판 1쇄 인쇄 | 2019년 01월 18일
초판 1쇄 발행 | 2018년 01월 25일

우편번호 | 04091
주소 | 서울특별시 마포구 토정로 222(한국출판콘텐츠센터 419호)
전화 | (02)333-0471(代)
팩시밀리 | (02)334-0471
E-mail | dachawon@daum.net

ISBN 979-11-88996-28-5 (03370)

값 · 16,800원

이 도서의 국립중앙도서관 출판시 도서목록(CIP)은 서지정보유통지원시스템 홈페이지(http://
seoji.nl.go.kr)와 국가자료공동목록시스템(http//www.nl.go.kr/kolisnet)에서 이용하실 수 있
습니다.(CIP제어번호: 2018032756)